A LA MÉMOIRE

DU

Professeur Ollier

LES FUNÉRAILLES

INAUGURATION DES MONUMENTS

A LYON ET AUX VANS

VALENCE
Imprimerie et Lithographie de Jules Céas et Fils

1906

Ln²⁷
52421

Le Docteur Léopold OLLIER
1830-1900

A LA MÉMOIRE

DU

Professeur Ollier

LES FUNÉRAILLES

INAUGURATION DES MONUMENTS

A LYON ET AUX VANS

VALENCE
Imprimerie et Lithographie de Jules Céas et Fils

1906

Au lendemain du jour où une mort foudroyante frappait le Professeur Ollier, et mettait en deuil avec ses amis et ses élèves, l'Université lyonnaise et le monde scientifique tout entier, un comité se forma dans le but de rendre à cette grande mémoire l'hommage qui lui était dû. Sous la présidence d'honneur de MM. Chauveau, de l'Institut, et Edouard Aynard, vice-président de la Chambre et député de Lyon, le comité d'initiative choisit comme président effectif, le Prof. M. Lortet, doyen de la Faculté de Médecine de Lyon, et comme vice-présidents, les Prof. Bondet, Gayet et Teissier; les membres étaient des amis personnels de l'illustre chirurgien, le président de l'Académie de Lyon, le maire des Vans, les présidents des diverses sociétés médicales de Lyon, et les anciens chefs de clinique d'Ollier. En outre, un comité de patronage réunissait les noms les plus célèbres de la Science en France et à l'étranger et des notabilités diverses appartenant aux fonctions publiques, à l'enseignement supérieur et aux lettres.

Le comité ouvrit une souscription destinée à l'érection d'un monument à Lyon. Rapidement les fonds affluèrent et en deux ans une somme de 52,000 francs était réunie. Le Président de la République, M. E. Loubet, avait tenu à s'inscrire en tête de la liste, pour 200 francs. Le ministère de l'Instruction publique versa 3,000 francs, et l'Institut, 500 francs.

A l'étranger, les appels ne furent pas infructueux : l'apport extra français fut, en effet, de 16,000 francs ; sur ce total, l'Allemagne fournit 5,450 francs, les Etats-Unis d'Amérique, 3,300 francs, la République Argentine, 2,500 francs, l'Autriche, 750 francs, l'Angleterre, 575 francs, la Suisse, 450 francs, la Belgique, 420 francs, la Suède, 420 francs, l'Egypte, 400 francs, la Russie, 250 francs, la Hollande, 210 francs, le Danemark, 160 francs, etc. Signalons les souscriptions recueillies en Alsace-Lorraine, qui montèrent à 650 francs.

Une partie des sommes versées par l'Ardèche, l'avait été dans le but d'élever un monument aux Vans, commune où naquit Ollier. Le comité ardéchois et le comité lyonnais furent réunis, et les souscriptions confondues. On décida qu'une réplique de la statue élevée à Lyon, serait donnée à la commune des Vans, et érigée sur la place publique de cette ville.

C'est au sculpteur A. Boucher, de Paris, que le comité d'initiative décida de s'adresser pour la statue d'Ollier. L'éminent artiste accepta cette demande, sans demander d'autre indemnité que ce qui pourrait rester de la souscription, une fois les frais payés. Il présenta au comité une maquette qui fut accueillie unanimement. La statue fondue par Boucher, est à la fois une œuvre de haute valeur artistique, et une image d'une ressemblance parfaite. La partie architecturale du monument avait été confiée à M. Rogniat, de Lyon, qui s'en est acquitté de la façon la plus louable.

L'inauguration du monument à Lyon eut lieu, le 13 novembre 1904, celle de la statue des Vans, le 15 octobre 1905.

Dans sa dernière séance, le comité a décidé que les discours prononcés aux funérailles, à l'inauguration du monument à Lyon, et aux fêtes des Vans, seraient réunis en une plaquette. Nous l'offrons aujourd'hui aux souscripteurs. Les élèves et les amis de l'illustre chirurgien y trouveront, avec un souvenir des cérémonies auxquelles ils ont assisté, des documents précieux sur la vie du maître, et un témoignage de l'admiration que ses concitoyens et le monde scientifique tout entier professaient pour lui.

Les Funérailles

Dès que la nouvelle de la mort du Professeur Ollier fut répandue, de nombreuses personnalités vinrent se faire inscrire au domicile de l'illustre défunt, et de nombreuses lettres et dépêches furent adressées à la famille. Voici la lettre qu'écrivit le Professeur de Bergmann de l'Université de Berlin à M. le docteur P. Chatin.

Berlin, le 28 novembre 1900.

Monsieur,

Profondément attristé par la nouvelle de la mort de mon cher et illustre ami, le Professeur Ollier, je viens vous prier de bien vouloir communiquer à sa famille l'expression de ma vive sympathie et de mes regrets les plus sincères. Ayant eu le privilège de connaître le cher défunt, et m'étant senti moi-même puissamment attiré vers lui, tant par les aimables qualités de son cœur que par la grandeur de son savoir, je ne puis que déplorer sa perte, avec tous ceux qui le chérissaient! Notre rencontre, cet été à Londres et à Paris, avait encore resséré les liens qui nous unissaient déjà, et c'est avec joie et orgueil que je considérais l'intimité de nos relations.

Non seulement sa famille, mais aussi la France entière et tout le monde civilisé viennent de perdre en lui une âme d'élite et un des plus grands hommes de notre époque chirurgicale.

Madame de Bergmann, mon fils Gustave, et mes enfants le baron et la baronne de Barnckow, le baron et la baronne de Brand, qui tous connaissaient et révéraient le défunt, me prient de témoigner à sa famille l'expression de leur douleur. Dieu veuille soutenir tous ceux qui pleurent ce départ.

Mon intention de venir assister aux funérailles ne se laisse malheureusement pas réaliser, vu que je n'ai reçu la nouvelle que mardi soir. Veuillez donc, Monsieur, être l'interprète de mes sentiments auprès de Madame Ollier et de ses enfants, et agréez l'expression de mon dévoûment et de ma sympathie.

E. Von BERGMANN.

Les funérailles eurent lieu le 29 novembre. Nous en donnons le compte rendu, emprunté aux journaux de Lyon :

Dès huit heures et quart, le quai de la Charité commence à se garnir de curieux et les agents s'occupent à établir un service d'ordre. Bientôt arrive le bataillon d'infanterie qui doit rendre les honneurs militaires ; il est composé de deux compagnies du 96e et de deux compagnies du 99e sous le commandement du colonel Buis, du 96e.

Successivement on voit arriver des personnalités appartenant au monde médical, politique, littéraire, financier, universitaire ou artistique, et bientôt tout ce que Lyon compte de notabilités défile devant le cercueil d'une de ses gloires les plus illustres et s'inscrit sur le registre de condoléances qui se couvre rapidement de signatures.

Nous remarquons au passage : MM. le colonel Bouisson, sous-chef d'état-major, représentant le gouverneur de Lyon qui, retenu à la commission de classement, a envoyé un télégramme de condoléances ; Alapetite, préfet du Rhône, et son chef de cabinet, M. Caccaud ; Aynard, vice-président de la Chambre des députés ; Augagneur, maire de Lyon.

MM. Maillard, premier président de la cour de Lyon ; Moras, procureur général ; Thévard, procureur de la République ; Compayré, recteur de l'Université ; Lortet, doyen de la Faculté de médecine ; Caillemer, doyen de la Faculté de droit ; Clédat, doyen de la Faculté des lettres ; Depéret, doyen de la Faculté des sciences ; Bianconi, inspecteur d'académie ; les professeurs des quatre Facultés ; Charmont, professeur à la Faculté de droit de Montpellier ; Lafond, doyen honoraire de la Faculté des sciences ; Valson, doyen de la Faculté catholique des sciences ; Crolas.

MM. Bouffier, sénateur ; Lagrange, président du conseil général ; Cazeneuve, vice-président du conseil général ; Faurax, conseiller général ; Chardiny et Ruffier, conseillers d'arrondissement ; Frédéric Robin, premier adjoint à la mairie centrale ; Piaton, Garnier, Chasson, Nové-Josserand, Pierre Robin, conseillers municipaux.

MM. Marty et Just, secrétaires généraux de la Préfecture ; Pain et Martin, conseillers de préfecture.

MM. les docteurs Arloing, directeur de l'Ecole vétérinaire, Gailleton, Renaut, Tixier, Pic, Poncet, Dron, Colrat, Marduel, Barjon, Gayet, Paillasson, Rebatel, Teissier, Pollosson, Nové-Josserand, Jaboulay, Weill, Chappet, Villard, Commandeur, Delore, Grand-Clément, Sargnon, Condamin, Rivière, Audemard, Morel, Jacqueau, Ferran, Lyonnet, Poulet, Coignet, Destot, Berthet, Charles et Henri Reboul ; Lacour,

— 8 —

Bianchi, Lelorrain, Claude Martin, Dreyfus, Roux, Sabatier, Artaud, Defond, Soulier, Faisant, Saltykoff, de Vladicaucase (Russie) ; Fabre, Collet, Prothon, Mouisset, le doyen des internes des hôpitaux ; les élèves de l'Ecole de santé militaire au complet, une délégation des étudiants avec le drapeau de l'Association, etc.

MM. les généraux Peloux, de Geffrier et Petit ; Claudot, médecin inspecteur du 14ᵉ corps d'armée ; Giraud, médecin-major de 1ʳᵉ classe ; abbé Clot, aumônier militaire ; Annequin, médecin principal des Colinettes.

MM. Isaac, président de la Chambre de commerce ; Coignet, vice-président ; F. Mangini, U. Pila, Permezel, Chavent, Payen, Vindry, Gillet, Ennemond Richard, membres de la Chambre de commerce ; Morand, secrétaire de la Chambre de commerce ; Petit, juge au tribunal de commerce ; Jules Cambefort ; Chambeyron, président de la Société de géographie ; A. Vingtrinier, bibliothécaire, et F. Desvernay, administrateur de la Bibliothèque de la Ville.

MM. Armand Calliat, Duport et Riboud, président et vice-président de l'Union du Sud-Est des syndicats agricoles ; Oberkampff ; Tallon, président de chambre ; Gilardin, conseiller à la cour ; Vacher, membre de l'Académie de Lyon ; Cottin, Tavernier, Léon Galle ; comte de Sparre ; Lombard de Buffière.

A neuf heures et demie, le cortège se met en marche. Sur le parcours du domicile à l'église Saint-François, les cordons du poêle sont tenus par MM. le docteur Lortet, représentant la Faculté de médecine ; le docteur Lépine, représentant l'Institut ; le docteur Gangolphe, chirurgien en chef de l'Hôtel-Dieu ; le docteur Horand, président de la Société de médecine ; Antoine Riboud, représentant l'administration des hospices ; le docteur Bondet, représentant l'Académie de médecine de Paris ; Beaune, président de l'Académie de Lyon ; le docteur Chambard-Hénon, représentant la société des sciences médicales.

Le convoi n'avait point encore quitté le domicile mortuaire que déjà une affluence considérable se pressait dans l'église St-François-de-Sales, entièrement tendue de draperies noires. Dans le chœur, un trône avait été dressé pour Son Eminence le cardinal Coullié, qu'accompagnaient Mgr Déchelette et M. l'abbé Vignon. Le transept avait été réservé aux Sœurs des hôpitaux, auxquelles s'étaient jointes des religieuses de tous les ordres.

Le curé de Saint-François, Mgr Gourgout, a fait la levée du corps.

Le professeur Ollier s'était acquis à Lyon, avec une estime unanime, tant d'affections, d'amitiés et de dévouements, que bien peu des personnes qui avaient tenu à lui rendre les derniers devoirs ont pu trouver place dans la grande nef. Beaucoup ont dû se répandre dans les nefs latérales, et nombreuses sont celles qui n'ont pu que rester sous le porche ou attendre dans la rue. Rarement, jamais peut-être, pareille affluence, venue pour honorer un maître illustre et regretté de tous, ne s'était vue dans une église de Lyon.

Au dernier moment, le docteur Mondan avait sollicité et obtenu de la famille l'honneur pour le « service « actuel » du docteur Ollier de prendre place immédiatement après elle. Aux premiers rangs de l'assistance, les docteurs Mondan, Gayet et Gallois ; MM. Molin, moniteur de clinique ; Cabaud, Delay, internes ; Locard, secrétaire particulier, et les externes ; puis le préfet du Rhône et les secrétaires généraux ; M. Augagneur, le premier président, et le procureur général, M. Compayré ; les doyens des Facultés et tous les membres de l'Université, les conseillers de préfecture, etc., etc.

Dans le fond de l'église étaient, debout, les délégués des étudiants et ceux de l'Ecole du service militaire de santé.

Trois messes basses ont été célébrées, l'une au grand autel par M. l'abbé Rivoire, premier vicaire, les autres dans les chapelles de Saint-Joseph et du Sacré-Cœur. Pendant la cérémonie, le clergé et la maîtrise de la paroisse ont exécuté les chants liturgiques.

L'absoute a été donnée, au milieu de l'émotion de tous, par Son Eminence le cardinal Coullié, qui avait voulu témoigner, par sa présence et sa participation personnelle aux funérailles du docteur Ollier, de la haute estime en laquelle il tenait l'éminent et regretté professeur.

Le convoi s'est ensuite reformé pour se rendre au cimetière de Loyasse. Les professeurs Teissier et Fochier, remplaçant les docteurs Bondet et Chambard-Hénon, tenaient les cordons du poêle avec MM. Lortet, Lépine, Gangolphe, Horand, Riboud et Beaune.

Sur tout le parcours, une foule considérable s'inclinait respectueusement au passage du corps.

Les travaux, les vertus, la bonté, la générosité du docteur Léopold Ollier, le vide que sa mort laisse dans la science chirurgicale et le corps médical lyonnais faisaient l'objet de toutes les conversations. Les médecins présents étaient unanimes à louer l'initiative prise par M. Bonnevay en faveur de l'attribution à une rue de Lyon du nom du professeur Ollier, car jamais cette forme posthume de l'hommage et de la reconnaissance ne fut mieux méritée.

Onze discours ont été prononcés devant la tombe.

DISCOURS DE M. COMPAYRÉ

Recteur de l'Académie de Lyon

Messieurs,

La perte d'un homme tel que M. Ollier n'est pas simplement de celles qui désolent une famille aimante et aimée, qui affligent les sociétés particulières, les corporations, les divers groupements humains auxquels le mort appartenait : elle est de celles qui affectent, qui émeuvent une ville tout entière ; plus qu'une ville, le pays lui-même, qui comprend qu'il est appauvri, diminué, par la disparition d'un de ses plus précieux serviteurs ; — et par delà les frontières même du pays, dans la grande famille internationale des amis de la science, c'est un cri douloureux de sympathie qui s'élève, et qui accompagne l'éternel départ d'un savant qui n'était pas seulement une illustration de Lyon devant toute la France, qui honorait la France devant toute l'Europe, puisque les étrangers le connaissaient et l'estimaient autant que ses propres compatriotes le vénéraient et l'admiraient.

Mais dans ce deuil public et cette émotion générale, l'Université de Lyon a le triste privilège de se sentir particulièrement atteinte et frappée... Elle ne perd pas seulement comme tout le monde, un savant éminent, un merveilleux praticien : elle perd un des siens, un de ceux dont elle se faisait le plus honneur, et dont le nom jetait un rayonnement particulièrement éclatant sur la maison tout entière : c'est pour elle une force qui s'est évanouie à jamais, une lumière qui s'est éteinte ; et la gloire de la Faculté de Médecine de Lyon en est comme obscurcie.

Certes, ce n'est pas ici le lieu — et je serais d'ailleurs incompétent pour le faire avec la précision qu'exigerait un pareil sujet — de déterminer, même à grands traits, les caractères de la vie et des travaux de M. Ollier. Mais qui ne sait, même dans le public profane, ce que la science doit à ses expériences et à ses théories, ce que l'humanité doit à ses procédés et à ses méthodes ? Quel effort admirable que celui d'où est sorti ce qu'il appelait lui-même « une œuvre qui forme un tout, tant au point de vue doctrinal qu'au point de vue technique ». Dans les sillons qu'il a patiemment et profondément creusés pendant un demi-siècle, s'il a semé, à pleines mains intelligence, raison et travail, n'a-t-il pas abondamment moissonné faits nouveaux, applications ingénieuses et pratiques originales. Quelle activité féconde, n'a-t-il pas déployée, depuis le jour — 9 août 1849 — où le futur professeur de clinique chirurgicale de la Faculté de médecine de Lyon débutait à la Faculté de Montpellier, comme aide de botanique, fonctions modestes qu'il a remplies pendant deux ans. Quelques années plus tard, il était reçu docteur en médecine par la même Faculté, le 6 mai 1856. En 1859, il était chargé d' « un cours autorisé » à l'Ecole pratique de Paris. Paris faillit alors nous le prendre. Mais dès le 23 mars 1860, à trente ans, il était nommé chirurgien en chef de l'Hôtel-Dieu de Lyon ; et dès lors il nous appartint tout entier et pour toujours ; afin qu'il fut démontré, pendant quarante ans, que la province peut parfois rivaliser avec Paris, qu'on peut, même en province, travailler pour la science, et illustrer son nom.

Lorsque, en 1877, la Faculté de Médecine fut fondée et

ouverte, M. Ollier y occupa d'emblée la chaire qu'il n'a cessé depuis de tenir avec autant de dévouement que d'éclat. Et je n'ai pas à vous apprendre, Messieurs, que c'est en grande partie à sa collaboration, comme à celle de quelques-uns de ses collègues qui le pleurent aujourd'hui, que la Faculté naissante a dû sa rapide fortune. Si en un jour, dès ses premiers pas, la jeune Faculté a réussi au-delà de toute espérance, c'est qu'elle a pu recruter sur place ses chefs ; c'est qu'elle a trouvé avec l'abondance des ressources que lui fournissaient les hôpitaux de Lyon, des maîtres éminents capables de les mettre à profit ; c'est que, sur son berceau, se sont penchés, pour porter et soutenir dans leurs mains puissantes et habiles le nouveau rejeton de la science française, des professeurs tels que M. Ollier.

La vie scientifique de M. Ollier, dans sa parfaite unité, se partage entre la recherche expérimentale et les applications pratiques. Il a été à la fois le plus patient des expérimentateurs et le plus habile des opérateurs. Les expériences de physiologie qu'il avait inaugurées dès 1857, il ne les a jamais abandonnées. Il les reprenait sans cesse, pour les varier, les compléter, les étendre. Il savait, et il répétait volontiers que l'« expérimentation sur les animaux vivants est le plus puissant élément du progrès ». Ne se laissant pas absorber par la pratique incessante et très active de son art dans les hôpitaux et dans sa vaste clientèle, il revenait toujours à l'expérience, comme au principe de toute vérité, afin d'alimenter la source où il puisait sans cesse de nouvelles applications, de nouveaux moyens de reconstituer, de régénérer la machine humaine.

Que dire, Messieurs, qui ne soit connu de vous, en ce qui concerne les résultats auxquels il était parvenu ? A combien de milliers de personnes souffrantes n'a-t-il pas apporté le secours efficace de sa pratique chirurgicale ?

Il ne se contentait pas, comme le faisaient les chirurgiens d'autrefois, de sauver la vie du malade, du blessé : il avait la prétention plus haute, — et il la réalisait par ses « opérations conservatrices » — de refaire les articulations, de reproduire les os, et ainsi de rendre à ceux qu'il opérait l'usage complet de leurs membres, et la possession de leurs forces. Rien que pour les articulations des membres, il pouvait, dès 1895, compter 699 opérations faites de ses mains. Au Congrès de chirurgie, en 1895, il pouvait présenter plus de 50 personnes, depuis longtemps opérées par lui, et qui témoignaient par leur bonne santé, non seulement de la réalité, mais de la permanence des résultats obtenus. Combien de travailleurs manuels qui ont pu, grâce à lui, continuer à gagner leur vie ; et qui trente ans, quarante ans après qu'il les avait soignés et guéris — des vignerons, des tuiliers — avaient conservé, les ayant retrouvés par ses soins, des membres solides et assez forts pour résister aux travaux les plus pénibles ; tandis que des femmes qu'il avait opérées du poignet droit avaient elles aussi gardé assez de souplesse dans les doigts pour se livrer aux travaux les plus délicats de la couture et de la broderie.

Malgré tant d'efforts et de succès, M. Ollier n'était pas encore satisfait de son œuvre. Dans un des derniers entretiens que j'ai eus avec lui, il me parlait de ses projets d'avenir. Il songeait, pour une des années prochaines, à abandonner quelque temps sa clinique et ses clients, à prendre un congé, non pour se reposer — les hommes de cette trempe ne se reposent que dans la mort — mais, au contraire, pour travailler avec plus d'intensité dans la liberté de ses vacances prolongées ; pour se recueillir, et, dans ce recueillement, mettre la dernière main à des mémoires déjà commencés ; pour écrire peut-être un livre définitif qui eût été le résumé de toutes ses recherches, de toutes ses réflexions, et comme le testament de sa pensée scientifique. Pourquoi faut-il qu'une mort brutale, imprévue, soit venue briser ces espérances, et suspendre prématurément une activité féconde dont on pouvait attendre encore pour l'humanité souffrante les fruits les plus précieux !

L'homme, en M. Ollier, était à la hauteur du savant. Il était bienveillant, comme le sont tous les hommes bons. Dans son air, il y avait une dignité souriante, une noblesse aimable, quelque chose d'agréable et de doux, mais aussi de haut et de fier, qui enveloppait de je ne sais quel charme tout ceux qui l'approchaient, et qui étaient séduits, mais qui, en même temps, commandait le respect. Avec lui la conversation s'élevait, s'élargissait tout de suite, pour toucher aux questions les plus hautes. Dans ce clair esprit de savant vibrait l'âme chaude d'un patriote. Il relevait volontiers la tête au-dessus de ses recherches expérimentales et de ses occupations techniques pour s'intéresser aux affaires générales de la nation, soucieux qu'il était avec passion de l'avenir de la France, dont il aurait voulu pouvoir contribuer à guérir les plaies morales, aussi bien qu'il réussissait à panser les blessures matérielles des individus qui confiaient leurs maux à ses soins.

Assurément, avant de nous quitter — mais cela ne nous console point — M. Ollier a reçu de rares honneurs. Il a presque épuisé les récompenses humaines attribuées au mérite. Il a vu sa méthode triompher des préjugés qu'il avait eu d'abord à combattre dans la routine chirurgicale. Il a vu ses procédés acceptés à l'étranger et devenus classiques dans tous les traités de médecine opératoire. Les sociétés savantes de tous les pays civilisés l'ont appelé à prendre rang parmi leurs membres. L'Angleterre, la Suède, la Belgique, l'Autriche, l'Italie, la Russie, les Etats-Unis l'avaient inscrit dans leurs Académies. A Berlin, son portrait a été placé à côté de ceux de trois autres, dans le quatuor des plus grands chirurgiens du siècle. Il était membre de la Société de chirurgie de Paris et de la Société de biologie, associé national de l'Académie de médecine, — et je ne parle pas des sociétés lyonnaises.

L'Institut de France l'avait comblé des témoignages de son estime, en lui décernant, dès 1867, le grand prix de chirurgie, en le nommant correspondant dès 1874; et peut-être est-il permis de penser tout de même que l'Institut n'avait pas encore fait tout ce qu'il devait pour rendre hommage à l'un des plus illustres représentants de l'enseignement provincial.

M. Ollier méritait de jouir longtemps, au milieu des joies de la famille, de la grande situation qu'il s'était faite parmi ses concitoyens. Son robuste tempérament, sa fière stature, l'ardeur juvénile de son esprit, la puissance intacte de sa pensée semblaient lui promettre l'espoir d'une longue et heureuse vieillesse. Du moins, il sera entré debout dans la tombe; je veux dire, dans la pleine intégrité de ses facultés, sans avoir connu les tristes déchéances de l'âge. La veille du jour où nous l'avons perdu, il participait, avec son entrain accoutumé, aux opérations du concours de chirurgie. Et le jour même de sa mort, ce vaillant qui ne pensait qu'aux autres, visitait encore quelques-uns de ses malades... Son dernier acte aura été l'accomplissement d'un de ses devoirs professionnels. Et l'on peut dire qu'il est mort, comme un soldat, sur la brèche.....

C'est une des meilleures consolations, Messieurs, de la brièveté de la vie humaine, toute insuffisante qu'elle soit, de penser qu'il y a au moins quelques hommes qui, comme M. Ollier, se survivent à eux-mêmes. Ils disparaissent, hélas! dans leur personnalité éphémère; ils passent, mais leur œuvre reste! C'est le suprême honneur de ces créatures passagères qui ne font que traverser ce monde, qu'elles laissent après elles, sous le soleil dont les rayons ne réjouiront plus leurs yeux, non seulement les œuvres réelles qu'elles ont accomplies de leurs propres mains, mais, grâce aux instruments qu'elles ont inventés, aux procédés et aux méthodes qu'elles ont créés, la possibilité de renouveler indéfiniment les mêmes bienfaits par l'application incessamment continuée de leurs conceptions et de leurs inventions : de sorte que M. Ollier vivra, non seulement dans la douleur d'une famille inconsolée, dans la reconnaissance de tant de malheureux dont il a lui-même soulagé les misères physiques, dans les regrets des élèves qu'il a formés et qui continueront dignement son œuvre, dans le souvenir fidèle des membres d'une Université que sa mort découronne ; — il vivra par la perpétuité de l'emploi des méthodes dont il est le créateur, et qui, pratiquées par d'autres opérateurs, ne cesseront pas de remédier à quelques-unes des souffrances matérielles de l'humanité, et qui, par suite, immortaliseront sa grande mémoire.

DISCOURS PRONONCÉ PAR M. LORTET

Doyen de la Faculté de Médecine.

Messieurs,

Mes fonctions m'imposent bien souvent le triste et pénible devoir de dire, en votre nom, le dernier adieu à ceux qui nous quittent.

Mais aujourd'hui que se brisent, comme par un coup de foudre, une amitié sans nuages datant de plus de quarante années, une confiance réciproque pleine et entière, ce devoir m'est particulièrement douloureux devant cette tombe qui va se refermer sur le collègue éminent qui était l'honneur de notre Université.

Ollier est mort à son poste, sur le champ de bataille scientifique et ses brillants travaux avaient illustré son nom dès sa jeunesse.

Dans cette vie si bien remplie, notre collègue a connu souvent les joies des succès incontestés et toujours grandissants. Mais son activité sans relâche ne lui a jamais permis de trouver la possibilité de se reposer comme il le désirait ardemment. Il y a peu de jours encore il me disait combien il serait heureux du calme que pourrait lui donner une retraite impatiemment attendue. Il se réjouissait à l'espérance prochaine d'avoir le loisir de lire des travaux intéressants et d'étudier à fond certaines questions dans lesquelles sa vive et belle intelligence savait découvrir tant d'aperçus originaux et inattendus.

Hélas ! ce jour de repos est arrivé, mais c'est celui qu'amène *Celle* qui vient si souvent nous prendre par surprise pour nous précipiter dans la tombe

D'autres vous diront tout à l'heure ce que fut Ollier dans ses expériences ingénieuses qui l'amenèrent à créer la chirurgie conservatrice du système osseux. Moi, je n'ai que le courage de nous plaindre amèrement du départ de cette force, de cette gloire, et de vous rappeler ce qu'il fut comme homme et comme collègue.

Jusqu'à son dernier jour, Ollier fut comblé de distinctions justement méritées. Tout récemment encore, l'Angleterre et l'Allemagne lui accordèrent les plus hautes récompenses. A Berlin, où j'avais la joie de l'accompagner au grand Congrès international, j'étais fier de constater avec quel empressement les sommités médicales du monde entier tenaient à honneur de lui être présentées.

Aussi, lorsque la Société centrale de chirurgie allemande décida que dans la grande salle des cérémonies du Palais qu'elle habite, prendraient place les portraits des quatre plus grands chirurgiens de l'époque actuelle, Ollier fut désigné à l'unanimité pour représenter la chirurgie française dans la capitale de l'Allemagne.

Et cependant, tant d'honneurs exceptionnels ne vinrent jamais troubler la modestie, la simplicité charmante de cet homme de bien dont la seule satisfaction était la recherche de la vérité et la conscience du devoir accompli.

Sa notoriété était si grande que dans le dernier voyage fait avec lui à Athènes, à Constantinople, Beyrouth et l'Egypte, des malades, informés de son passage par la rumeur publique, accouraient en foule auprès de lui, des régions les plus lointaines de l'Orient, sollicitant ses conseils et le privant d'un repos si nécessaire.

Tant de succès et une réputation si étendue chez un

travailleur de province devaient, plus d'une fois, exciter des sentiments regrettables dont il a senti la douleur cuisante. Mais il savait heureusement si vite oublier et rejeter dans l'ombre ces froissements pénibles ! Aussi, moi, qui ai été, depuis tant d'annés, le confident de ses pensées les plus intimes, je puis le dire bien haut devant cette tombe, il n'eut jamais un mot d'amertume au souvenir des tristesses qu'avait pu éprouver son cœur généreux.

Que de sacrifices n'a-t-il pas faits, à pleines mains, pour ceux qui avaient besoin de son aide ! La noble femme qui fut la compagne dévouée dans ses bons et dans ses mauvais jours, l'associée délicate et discrète de ses bienfaits, est là pour témoigner de ce qu'il savait faire pour ceux qui ne réclamaient jamais en vain son assistance.

Et que de temps, que de soins n'a-t-il pas consacrés au soulagement de la souffrance chez les déshérités de ce monde, prodiguant ses forces et sa vie, et le soir tombant de fatigue, et tout cela sans un mouvement d'impatience, toujours d'une humeur égale, le regard plein de bonté, toujours le sourire bienveillant sur les lèvres.

Cette bonté, cette sérénité de l'âme se faisaient sentir partout autour de lui. Sa fidélité dans l'amitié l'a fait aimer de tous ceux qui l'ont approché, sa conscience droite et honnête, la loyauté de sa parole, sa vie sans tâche et sans défaillance ont toujours inspiré l'affection et le respect.

C'est à ce collègue aimé, c'est à l'homme de bien qui a été l'honneur de la chirurgie française, qui a été une des gloires les plus pures de notre ville, que je dis du fond du cœur, une fois encore, non pas adieu, mais au revoir.

DISCOURS DE M. GAYET

M. Gayet prend ensuite la parole au nom des chirurgiens-majors de l'Hôtel-Dieu :

Notre illustre maître nous a quitté brusquement, sans nous permettre de disputer à la mort, sa précieuse existence, sans nous laisser entourer de notre vénération une vieillesse vers laquelle il s'avançait, mais qu'il n'a pas connue. Si nous avons une consolation, c'est de participer à ces glorieuses funérailles, et d'être des premiers à payer le tribut d'éloges que lui doit la postérité.

Il y a bien près d'un demi-siècle que j'ai vu Ollier pour la première fois. Il venait de Montpellier, où il avait commencé ses études, pour conquérir à Lyon le titre d'interne des hôpitaux, prisé par tout le monde médical de notre région.

Il fut nommé le premier de son concours, et nul ne songea à s'étonner du succès de ce jeune étranger, tant il montra de maîtrise et de supériorité.

Ce fut le début d'une carrière qui se poursuivit, sans heurts, ni arrêts, jusqu'aux rares hauteurs d'une réputation européenne. Au lieu de suivre le chemin escarpé et difficile que la destinée réserve à quelques-uns, Ollier s'engagea d'emblée dans une large et majestueuse avenue qui lui laissa deviner les glorieux mystères de son sommet.

C'est vers le majorat de l'Hôtel-Dieu que sa légitime ambition le porta dès qu'il eut obtenu son grade de docteur.

L'opinion le désignait pour ce poste, ses talents précoces l'en rendaient digne, ses épreuves de concours furent éclatantes, il fut nommé en mars 1860.

Alors commença la vie des grands labeurs, des devoirs multiples, des responsabilités sans trêve ; il y entra résolument, prêt à leur sacrifier ses forces morales et physiques, qui, grâce à Dieu, étaient en lui harmonieusement équilibrées.

Il fit plus, il s'appliqua à perfectionner des opérations connues, à en inventer de nouvelles, et à créer de véritables méthodes opératoires.

Qu'il me suffise de rappeller à votre mémoire, comme les plus originales, la Rhinoplastie, la décortication nasale, les greffes dermo-épidermiques et l'abaissement du nez pour atteindre les tumeurs du pharynx.

Je puis vous parler encore, parce que j'en ai été le témoin, de l'intérêt avec lequel il suivait les vagues essais qui se dessinaient alors pour obtenir l'asepsie des plaies.

C'est que c'était là, et il le sentait, le moyen d'arriver à la précision des résultats de sa méthode conservatrice dont les espoirs étaient souvent compromis par les terribles accidents septiques qui ravageaient alors nos anciens services.

Cette méthode de la conservation osseuse, Ollier la créait à ce moment même. Instruit par ses innombrables expériences, il était dès lors en mesure d'en apporter les bienfaits à ses malades.

Il commence la longue série de ses résections sous-périostées dans l'exécution desquelles il déploie ces admirables qualités de patience que rien ne rebute, de minutie à qui rien n'échappe, et de longue persévérance à poursuivre un résultat digne de ses efforts.

Enfin, après de longues années d'un travail sans relâche, le monde scientifique était conquis et l'œuvre s'affirmait dans deux ouvrages de longue haleine et de telle valeur que nul ne les ignore, qui s'intéresse aux progrès de l'art de guérir.

Ne croyez pas que la vérité se soit fait jour tout de suite, et que tous l'aient acceptée sans résistance ! Heureusement, Ollier n'était pas seulement un maître de la science, il en était l'apôtre, il voulait la vérité connue et aimée, et quand il trouvait quelque part des résistances, il allait à ses contradicteurs, les provoquait courtoisement sur tous les terrains et ne les quittait que convaincus.

Pénétré de la solidité de ses doctrines et de la sûreté de ses conclusions, il voulait en faire profiter les malades des autres et étendre le bien qu'il faisait au-delà des bornes de sa ville et de celles de son pays.

Ce travail gigantesque fut accompli sous mes yeux dans le grand service de l'Hôtel-Dieu, dont il ne savait assez vanter les ressources.

Que de fois je l'ai rencontré, suivi d'une foule d'élèves buvant ses paroles et lui donnant à l'envie une aide désintéressée !

Il appartient, en effet, aux grands esprits de susciter des dévouements absolus comme nous en avons vu autour de lui, et d'entraîner dans leur orbite la foule de ceux qui s'échauffent à leur flamme et s'éclairent à leurs rayons. On appelle cela faire école, et nous connaissons celle que le maître a laissée.

J'en aurais fini avec la démonstration de la prodigieuse activité que déploya Ollier dans les périodes de son majorat ; il manque cependant un trait au tableau. Cette activité suffisait encore aux soins d'une énorme clientèle, et il faut croire que ce maître de tant de choses était aussi maître du temps, car il le dépensait sans compter dès qu'il s'agissait d'éclairer un confrère ou de soulager un indigent.

J'ai terminé l'histoire d'Ollier, chirurgien-major de l'Hôtel-Dieu ; laissez-moi vous dire encore quelques mots de l'homme. Il avait associé à sa vie une compagne digne de le comprendre, et avec elle il avait fait de sa maison le rendez-vous où des amis trouvaient et l'hospitalité la plus large, et des relations avec les hommes les plus éminents, qu'attiraient à lui, de tous les pays, sa science et sa réputation.

Mais quand ses amis souffraient, c'était lui qui accourait à leur chevet ; et mieux que personne, je peux dire avec quel dévouement ému il leur prodiguait ses soins.

Quant à ses pauvres malades, pleins, en sa science, d'une foi touchant au fétichisme, ils avaient appris à connaître aussi la profonde bonté de son cœur.

Avec sa prodigieuse mémoire, il reconnaissait tous ses patients à des années d'intervalle, se souvenant de leurs maux, de leurs besoins, les recommandait, les plaçait et allait même jusqu'à leur payer ses propres consultations.

Voilà l'homme que nous venons de perdre, voilà celui que pleure, dans un effroyable émoi, une famille dont il était le bonheur et la gloire ; nous ne pouvons que pleurer avec elle et lui répéter qu'une telle vie, que tant de jours consacrés à soulager ici-bas l'humanité, lui ont préparé là-haut l'éternelle récompense.

DISCOURS DE M. Henri BEAUNE

Président de l'Académie de Lyon (Classe des Lettres)

Messieurs,

L'homme supérieur qui dirigeait hier nos travaux, vient de nous être brusquement enlevé. Ni l'Académie qui porte son deuil, ni la cité qui lui a fait de si touchantes funérailles, ni l'éminent pontife dont la pourpre cardinalice les a exceptionnellement honorées et prête encore son éclat à cette Assemblée, ne me pardonneraient de taire ici les sentiments que nous inspire sa perte. Si insuffisant que je sois, souffrez donc que je tente de rendre un imparfait hommage à la chère et grande mémoire de M. Ollier, notre dernier président en exercice.

Qui de nous peut l'avoir oublié ? Il n'y a guère plus de trois semaines, à la veille d'une absence qu'exigeait pour lui le besoin de repos et qui menaçait de se prolonger jusqu'à l'année nouvelle, la Compagnie, justement fière de son chef par deux fois réélu, allait en corps lui porter le tribut de ses vœux, de ses sympathies, de sa vieille gratitude et du profond attachement qu'elle n'avait un seul instant cessé de lui vouer. Est-il vrai que les longs bonheurs de famille sont redoutables, qu'ils s'expient eux-mêmes et qu'ils appellent comme un châtiment ? Moins de trois jours après, une sinistre nouvelle éclatait : le Dr Ollier n'est plus ! Quelle émotion, quelle secousse elle jeta soudain chez ses collègues, chez ses amis, dans tous les rangs de la population, la parole est impuissante à les rendre. La stupéfaction qui arrête le souffle, la terreur qui prosterne et qui glace, la douleur aiguë qui mord au plus vif et au plus intime de l'être, vous les avez tous éprouvées, Messieurs, mais j'ose affirmer qu'aucun de ceux qui m'entendent ne les a ressenties plus âprement que nous, ses confrères, et que jamais plainte déchirante n'égalera notre cri d'angoisse, ce cri du croyant épouvanté par les coups foudroyants de la destinée, parce que, depuis un an surtout, depuis que M. Ollier présidait à nos amicales réunions et à nos études hebdomadaires, jamais nous n'avions estimé à un plus haut prix la dignité de son caractère, l'élévation de ses idées, l'étendue de son savoir, la sûreté et la chaleur rayonnante de son amitié.

Les Académies — je parle de celles de province, les seules où j'ai pénétré — ne sont pas seulement des corps scientifiques ou littéraires formés et unis par le désir de s'instruire en commun; elles sont, autant et plus encore peut-être, des Compagnies, c'est-à-dire des Sociétés au sein desquelles le choix n'exclut pas la familiarité ni même un décent abandon, où les associés apprennent à se connaître et à s'estimer, moins par la surface que par l'intérieur, par ces qualités de l'âme et du cœur qui se traduisent rarement au dehors, comme si elles se défiaient des regards curieux ou indifférents. Elles ont leur pudeur, qui ne se livre qu'à regret et malgré elle. Un peu plus, il faudrait leur faire violence. M. le Dr Ollier, qui n'avait cependant rien de la timidité des jeunes, et dont la renommée toujours grandissante assurait le libre et franc parler, était de ces modestes qui, sans se cacher, ne se découvrent bien qu'à la longue, dans un commerce presque quotidien. Mais quand on a leur clef, quel trésor !

Ses confrères avaient trouvé le chemin de ses richesses et s'en faisaient honneur autant que profit. Honni soit qui mal y pense ! Nous n'en profitions qu'à l'avantage de l'Académie et pour le plus grand charme de nos relations. Au nombre des rares qualités de ce grand opérateur, qui n'opérait pas seulement sur les corps, mais sur les esprits, s'en trouvait une, qu'il n'est pas coutume de placer au premier rang, mais que je n'hésite pas à mettre au-dessus de toutes les autres, c'était la bonté, la vraie, celle du cœur, la foncière bonté.

Il ne nous était pourtant arrivé qu'assez tard, en 1876, lorsqu'il avait atteint déjà la pleine notoriété, celle qui précède et prépare la célébrité. Ses premiers travaux imprimés, qui datent de 1859, 1867, 1874, le second surtout, avaient déjà répandu son nom dans le monde chirurgical, qui pressentait une révolution prochaine dans l'art de régénérer les os, et les étonnants succès qu'il avait obtenus dans la pratique par une habileté de main qu'encourageait la hardiesse de ses conceptions, lui avaient dès lors attiré de tous côtés, de l'Orient et de l'Occident, une clientèle comme on en voit rarement en province, fût-ce à Lyon. Et quand je dis qu'il appartenait à l'Académie depuis bientôt un quart de siècle, je devrais presque me reprendre, puisque, titulaire élu en 1876, il ne fit parmi nous son entrée effective qu'à une époque beaucoup plus récente, alors qu'il était à son apogée, en pleine illustration, que les principaux corps savants de l'Europe en matière médicale avaient inscrit son nom sur leurs listes, que les Universités et les Académies de la Grande-Bretagne, de la Suède, de l'Autriche, de la Belgique, de la Russie, des Etats-Unis, de l'Italie, lui décernaient à l'envi leurs diplômes honorifiques ou suspendaient comme à Berlin, son portrait à leurs murs, que l'Institut de France lui conférait un de ses grands prix et le titre de correspondant, que les chefs d'Etat et les plus hauts personnages s'abandonnaient à ses soins ou à ses conseils. Mit-il quelque coquetterie à ne nous venir que le front ceint de lauriers et la tête parée d'une auréole? Cela me surprendrait : ce digne héritier des grandes gloires médicales lyonnaises, des Gensoul, des Marc-Antoine Petit, des Bonnet, des Barrier, était lui-même assez grand pour se passer de vanité ; ne l'aurait-elle pas diminué d'ailleurs? Ce que je constate seulement, c'est que, s'il nous avait longtemps fait défaut, il nous revint un jour pour ne plus nous quitter. La remarque est à son honneur et peut-être aussi, souffrez que je l'ajoute, au nôtre.

Constamment préoccupé de tout ce qui touchait à l'Académie, à ses intérêts et à sa dignité, il lui appartint désormais sans réserve, par son affection comme par son talent.

Il se plaisait dans nos séances, sans pédanterie, sans apprêt, où s'échangent des entretiens variés, où la science se mêle aux arts et aux lettres, pour l'instruction et l'agrément de tous. Dans ce concert *mezzo voce*, il aimait à faire sa partie, à nous confier ses heureuses expériences dans le vaste champ de la chirurgie conservatrice du système osseux, ses observations et ses méthodes nouvelles de résections sous-périostées, à placer sous nos yeux captivés les prestigieux résultats du travail patient de la nature aidée et comme libérée par son audacieux bistouri.

Son langage ressemblait à son style; il était simple et clair, sobre et ferme; rien de mesquin ni d'étroit, rien aussi de téméraire ou d'ambitieux, rien qui ne tendît à son objet, qui rapetissât ou méprisât l'homme, mais aussi rien qui voilât ou supprimât l'œuvre divine à laquelle il coopérait, qui pût tour à tour exalter ou déprimer l'espérance, en un mot la langue et le style d'un maître qui parle et écrit uniquement pour démontrer après avoir agi, et qui se répète tout bas : Aie de la force afin de communiquer l'évidence dont tu es pénétré. Il s'est peint à son insu dans ses livres, où il a su unir aux délicatesses du goût toute la rigueur de la démonstration didactique, et où il s'est fait une originalité à lui, à force d'exactitude et comme avec un instrument de précision. Il s'y peint également libre, parce qu'il n'oublia jamais que la liberté est la vie de l'intelligence, ce qu'il est inutile de rappeler dans une enceinte où elle trouverait au besoin son dernier asile. Mais sa griffe ne s'est-elle pas plus lisiblement encore imprimée sur la chair vivante, dans cette admirable clinique quotidienne suivie de loin par l'Europe attentive et où il a livré au grand jour ses mémorables combats ? Ce qui faisait la puissance de son enseignement, c'est qu'à l'ardeur tempérée du geste, à la netteté de l'accent, à je ne sais quelle émotion contenue par la gravité, on sentait que le professeur n'accomplissait pas à regret un devoir obligé, mais y mettait son âme et, dans les dernières années, y dépensait sa vie.

Ici, Messieurs, permettez-moi de m'arrêter sur un seuil que je n'ai pas la présomption de franchir, à l'entrée d'un domaine sur lequel mon incompétence m'interdit de m'engager. Je ne m'éloignerai donc pas de nos modestes réunions, qui me sont mieux connues, et j'indiquerai d'un geste rapide la place éminente qu'y a occupée notre si regretté confrère. Un événement qui ne se représente pas deux fois dans la vie d'un homme me fournit l'occasion de la marquer.

Dès son retour parmi nous, M. le Dr Ollier avait été élevé — et c'était justice — au fauteuil de la présidence. La Compagnie tenait à lui donner sans retard ce témoignage de sa haute estime et de ses unanimes sympathies. Elle en fut vite récompensée par la distinction avec laquelle il remplit cette charge laborieuse, qui couronne d'ordinaire le mérite éprouvé et la longue assiduité de ses membres titulaires. Mais deux années à peine venaient de s'écouler lorsqu'il s'agit de célébrer le double centenaire de la fondation de l'Académie. A qui confier le pesant fardeau d'organiser ces solennités commémoratives et le périlleux honneur de recevoir les hôtes illustres qui y seraient conviés ? Personne n'hésita, Messieurs, et, si inusitée que fût une réélection aussi rapprochée, bien que nos traditions en conservassent à peine deux ou trois exemples, M. le professeur Ollier fut rappelé tout d'une voix au siège présidentiel qu'il venait presque de quitter. Grâce à cet empressement et à cet accord unanimes, il succédait ainsi en ligne directe à un ancien ministre, président de la Chambre des Députés, M. Sauzet, à un ancien premier président de la Cour de Paris, M. Gilardin, au professeur Teissier père, dont les noms restent gravés dans toutes les mémoires lyonnaises.

Dirai-je, Messieurs, quel, alors, se révéla notre confrère, la prudence, la dextérité, la délicatesse avec lesquelles il prépara nos fêtes, la courtoisie, la dignité et le tact qu'il mit à les diriger? Compterai-je les efforts, les déplacements, les démarches sans nombre qu'il multiplia pour en assurer, avec les distinctions méritées dues à sa seule initiative, l'incomparable éclat? Rappellerai-je le magistral discours consacré par lui aux gloires de la Compagnie dans le passé et à ses solides espoirs dans l'avenir ? Non, Messieurs, vos souvenirs sont trop vifs et trop présents pour que j'y insiste : s'il était par impossible nécessaire de les rafraîchir, je me contenterais de vous renvoyer à un de nos invités eux-mêmes, à un excellent juge, puisqu'il est un des quarante de l'Académie française, au vicomte de Vogüé, qui, au lendemain du centenaire lyonnais, rendait publiquement hommage — je lui emprunte ses propres termes

— « à l'éminent chirurgien, au savant considérable, au bienfaiteur de l'humanité, et, de plus, à l'orateur élégant et ingénieux ».

Nous l'aimions tous, nous nous serrions autour de lui, nous le regardions non seulememment comme notre président, mais comme notre patrimoine commun, un patrimoine dont nous nous glorifiions nous-mêmes, nous le voyions avec joie poursuivre vaillamment sa course féconde, sans amertume, également oublieux des injustes critiques, des ingratitudes et des jalousies, dédaigneux des représailles, droit dans sa haute taille, robuste et vert tel qu'un jeune homme, à l'abri des injures du temps. C'était pour lui, croyons-nous, à peine l'automne avec ses opulentes moissons et la sérénité de ses jours calmes, mais l'hiver avec ses glaces, ses noirs horizons et ses branches cassées, l'hiver où le nautonnier voyageur est contraint de plier et de descendre sa voile, qu'il nous semblait encore loin! Notre confrère aurait pu répéter ce mot d'un héros d'Israël : « Qu'il faille marcher ou combattre, je me sens aussi fort qu'il y a quarante ans ». Comme nous nous trompions hélas! Il a suffi d'un coup pour abattre ce chêne dont l'épaisse frondaison dominait la forêt voisine, une minute s'est à peine écoulée entre nos rêves et sa chute!

M. Ollier a succombé comme il a vécu, à la peine. Ainsi que le lutteur antique, il est tombé sur le champ de bataille, le ceste à la main. Bienfaisante en ceci du moins, la mort lui a épargné le déchirement des adieux, la sensation du départ sans retour, la douleur poignante de quitter les bons anges qui lui rendaient au foyer, en sollicitude, en tendresse, et en piété filiale, ce qu'il leur donnait libéralement en bonheur et en renommée. Qui sait même si elle ne lui a pas en même temps épargné, dans un lointain avenir, il est vrai, à lui qui n'avait jamais connu la défaite, la plaie cachée dans les entrailles des vaillants au déclin, dont le bras affaibli laisse échapper une arme désormais inutile, l'amer regret des victoires qui ne sont plus ?

Ah! Messieurs, à cette heure où la cendre vient à peine de recouvrir sa dépouille terrestre, où les radieux flambeaux de sa haute intelligence s'éteignent brusquement, où la gloire elle-même s'enveloppe dans un véritable mystère, au seuil des grandes ombres qui séparent la vie d'un jour de l'éternel au-delà, entre l'âme qui part et celles qui restent rien ne subsiste plus que le lien de services rendus, la mémoire reconnaissante des souffrances apaisées, des bienfaits accomplis. Je ne sais quelle épitaphe on inscrira sur la pierre au-dessous du nom du célèbre chirurgien, du maître puissant qui a formé tant d'élèves, éveillé tant de jeunes esprits et creusé tant de nouveaux sillons à l'art qu'il a transfiguré; mais je ne crains pas d'affirmer qu'elle ne sera ni plus belle, ni plus touchante que celle qui, à l'instant où je parle, s'inscrit encore au fond du cœur des malades, au fond du cœur des humbles surtout, qu'il a victorieusement disputés à la couche funèbre ou à des laideurs, à des infirmités mille fois pires que le sceau infrangible de la tombe.

On l'a vu sur les sentiers obscurs de la misère, dans ce carrefour de la douleur et de la mort où tous les chemins finissent par se rencontrer, tous les vivants par se rendre. Il s'est montré sur le point où chacun passe, puisqu'un jour ou l'autre tout être vient à la douleur. Or, j'entrevois d'ici la foule ignorée des silencieuses victimes de maux jusqu'à lui sans remèdes, que sa hardiesse leur a dérobées; les orphelins auxquels il a rendu un père, les femmes qui lui redoivent un mari et les mères leur enfant, en un mot, les flots pressés et confondus des malheureux dont il a discrètement pansé les blessures, séché les larmes, en leur disant : Je t'aime ! et qui, les bras tendus, la paupière encore humide, viennent le remercier.

Travaux épuisants, presque surhumains, superbes découvertes, éclatantes conquêtes sur la matière organisée, que les annales scientifiques ont enregistré avec orgueil, qu'est-ce que cela, Messieurs, à côté de ces victoires inconnues de tous, sauf de lui seul — et j'en pourrais pourtant nommer — remportées sans bruit, loin du monde qui s'éloigne, sur le grabat d'un pauvre, sous l'ardoise d'une mansarde, dans la lèpre d'un taudis ! Qu'est-ce à côté des muettes épaves que sa charité, toujours active, a devinées flottantes, désemparées, presque déjà perdues dans l'Océan du malheur et rapportées par lui sur le rivage ! Que de lambeaux de vie, sous une blouse ou sous la bure, dont nul ne sait le nom et dont les plaies n'ont jamais attiré un regard, il a su, par pur dévouement, rajuster et recoudre ; que de chétives plantes humaines sa main compatissante a touchées et relevées sur leur tige ! De ce trésor caché, mais inépuisable, de ce capital accumulé, mais improductif, dit-on, que ne connaissent pas nos livres de caisse, rien ne se perd, croyez-le bien. Les délaissés, les misérables n'ont pas moins que les riches éprouvé la science du Dʳ Ollier et, en outre, sa miséricorde. Ayez donc confiance, n'en doutez pas, vous qui le pleurez : le Souverain Juge qui ne laisse pas le don d'un verre d'eau sans récompense lui sera aussi, par surcroît, miséricordieux.

DISCOURS DE M. HORAND

au nom de la Société Nationale de médecine

Messieurs,

Dans ce deuil général, souffrez qu'une voix se fasse entendre au nom de la Société nationale de médecine et vienne joindre ses regrets aux vôtres.

C'est un témoignage que je dois rendre à une mémoire qui restera chère à notre Compagnie.

Je n'ai pas à retracer ici la vie toute entière du professeur Ollier ; d'autres vous ont dit ou vous diront ce qu'a été le savant, l'illustre chirurgien, le professeur consciencieux, le maître aimé et estimé. Je veux seulement vous faire connaître en quelques mots son rôle à la Société nationale de médecine.

Le professeur Ollier a toujours tenu en haute estime la Société nationale de médecine, la regardant comme le principal foyer de la vie médicale à Lyon.

Il considérait que c'est devant elle que doit s'opérer la concentration de toutes les recherches individuelles, pour y être discutées et fécondées par des débats contradictoires. C'est dans son sein que doit s'opérer le travail en commun, le travail collectif qui peut seul faire aboutir à des solutions vraies les grandes questions de médecine publique.

Aussi, dès 1862, c'est-à-dire à peine nommé chirurgien-major de l'Hôtel-Dieu, demanda-t-il à faire partie de la Compagnie.

Depuis cette époque, il n'a cessé de jouer un rôle actif et d'animer ses séances par des communications pleines d'intérêt, relatives surtout à la pathogénie ou aux maladies du système osseux.

Aucune de ses découvertes, aucun de ses succès opératoires n'a été livré à la publicité, avant d'avoir été communiqué à la Société nationale de médecine. Il se faisait un devoir, c'était un vrai bonheur pour lui que de pouvoir offrir à la Compagnie la primeur de ses travaux.

Le professeur Ollier voulait que la Société nationale de médecine fût grande et ouvrit largement ses portes, afin de contenir dans son sein tous les éléments nécessaires pour pouvoir s'occuper avec une compétence exceptionnelle de tous les sujets des sciences médicales qui peuvent être portés devant elle.

C'est pour cela que, pendant sa présidence, de 1884 à 1886, il s'empressa de combler les vides et d'y appeler dix nouveaux membres.

En se recrutant partout, disait-il, notre Société ne laissera en dehors d'elle aucun talent capable de l'honorer et la variété d'origine sera pour tous ses membres, non seulement la meilleure condition d'indépendance, mais encore la plus réelle garantie contre l'exclusivisme des doctrines et l'esprit de coterie.

Le professeur Ollier se plaisait à faire remarquer que, lors de la création de la Faculté, la Société nationale de médecine avait eu l'honneur de lui fournir plus de la moitié du personnel enseignant.

Son estime pour notre Compagnie était si grande qu'il fut profondément peiné de voir, en 1885, dédaigner en haut lieu les conseils de la Société nationale de médecine, alors que le choléra menaçait notre ville, cette Société ayant pour constante préoccupation les intérêts hygiéniques et sanitaires de la cité.

Cette estime, la Société nationale de médecine la lui rendait sous forme de la plus grande déférence et en écoutant ses communications toujours avec la plus vive attention. Il ne pouvait en être autrement, car la Société nationale de médecine était fière de compter l'illustre chirurgien dans ses rangs et avait à cœur de lui témoigner sa reconnaissance pour son assiduité qui ne s'est jamais démentie pendant trente-huit ans.

Le professeur Ollier occupait une place immense parmi nous. Cette grande figure, qui vient de nous être ravie si brutalement, manquera désormais à nos réunions, mais sa mémoire restera impérissable et nous lui conserverons une éternelle reconnaissance pour son zèle infatigable et son dévouement sans bornes jusqu'à la dernière heure.

Cher et illustre président, recevez, au bord de cette tombe, qui va se fermer pour toujours, les remerciements et un dernier adieu de la Société nationale de médecine.

Que votre noble famille, qui compte dans ses rangs un de nos plus sympathiques collègues, veuille bien, dans sa profonde douleur, recevoir l'expression de nos sincères et respectueux compliments de condoléance.

DISCOURS DE M. CHAMBARD-HÉNON

au nom de la Société des Sciences médicales

M. Vallas, notre président, envoyé en mission à l'étranger par le gouvernement, aurait mieux que moi rempli cette tâche. Chirurgien de talent et de mérite, élève du maître, il avait tout ce qu'il fallait pour parler ici.

Mon cœur, où est profondément gravée l'affection que je porté à notre illustre chirurgien, me servira de guide.

J'ai connu Ollier jeune, en 1856; il sortait de l'internat des hôpitaux. Nous, jeunes étudiants, nous nous serrions derrière ce beau et brave jeune homme, ce futur candidat, ce lutteur : c'était notre champion. Nous disions : celui-là continuera la glorieuse tradition de la chirurgie lyonnaise, il suivra la trace des Petit, des Pouteau, des Gensoul, des Bonnet, des Barrier. Aussi, quelle joie éclata dans le cœur de la jeunesse des écoles lors du concours d'Ollier pour le grand majorat de l'Hôtel-Dieu. Je ne puis aujourd'hui rappeler ce souvenir sans émotion. Je me vois encore dans l'entresol du vieil Univers, où nous étions entassés, suffoqués. Quelle émotion quand notre jeune poète, le chantre aimé des internes, le docteur Levrat-Perroton, porta la santé d'Ollier.

Dans ces temps déjà lointains, avoir, le jour de la victoire, un salut de notre chansonnier n'était pas chose banale. Peu en ont joui. Ceux-là seuls avaient cet honneur qui, par leur supériorité et leur libéralisme, avaient conquis parmi la jeunesse des écoles une forte et solide popularité. Le jeune maître l'avait au plus haut degré ; je le répète, c'était notre champion.

En 1860, avec trente-neuf médecins et chirurgiens lyonnais, Ollier fonda la Société des sciences médicales, dont il fut vice-président la première année et président la seconde. C'est au milieu de nous (avec quelle fierté nous nous en souvenons !) qu'il fit paraître tous ses premiers travaux. C'est chez nous qu'en 1860, il lut son mémoire, bientôt fameux sur l'ostéoplastie périostique, et son application à la restauration du nez. C'est chez nous encore qu'il présenta en 1862, étant alors président de la Société, son mémoire si connu sur l'accroissement en longueur des os des membres et sur la part proportionnelle qu'y prennent leurs extrémités. En 1865, je vois encore son jeune interne, son élève favori, Léon Tripier, nous présenter à la séance la première malade opérée et guérie par la résection sous-périostés des os du coude.

A côté du savant, on permettra au président des engagés volontaires de saluer dans Ollier, le patriote, celui qui, en 1870, partit à la tête de la première ambulance lyonnaise. On sait les services qu'elle rendit à Besançon et sur la Loire.

Je m'arrête, cher grand mort, sans avoir besoin d'énumérer devant ceux qui sont ici et qui les connaissent, les honneurs si mérités que tu as reçus de ton pays et du monde entier.

Hélas ! une plus grande porte vient de s'ouvrir devant toi, devant ta gloire, devant ton honnêteté. A la Société des sciences médicales, nous nous souviendrons de tes premiers pas sur la route qui mène à l'Institut. Nous conserverons pieusement dans nos cœurs notre amitié pour ta personne et notre admiration pour ta mémoire.

Adieu, Ollier ! Adieu, cher collègue !

DISCOURS DE M. FOCHIER

au nom de la Société de Chirurgie de Lyon

. . . .
Cette Société qui a trois ans seulement d'existence, ne se serait pas constituée si, elle n'avait pas eu Ollier à mettre à sa tête, si Ollier n'avait pas été là pour réunir en faisceau les bonnes volontés, provoquer les premiers travaux et animer les discussions. C'est donc avec un respect presque filial que nous devons nous rappeler son rôle parmi nous : la solennité magistrale de ses exposés, l'abondance de ses documents, la vivacité juvénile et la ténacité convaincue de ses argumentations.

Là, plus qu'ailleurs, le grand chirurgien qu'il était se sentait écouté par tous ; il soumettait sans restrictions ses opinions à la critique parce qu'il la savait compétente ; il ne la redoutait pas, il la provoquait même parce que tous le tenaient pour un grand maître de la chirurgie des membres, de la chirurgie qui doit tout prévoir parce qu'elle peut tout connaître à l'avance.

Malgré l'exubérance des conquêtes de la chirurgie viscérale, tous les chirurgiens devront lire et méditer l'œuvre d'Ollier. C'est un temple antique, aux lignes pures et sévères, qui émergera longtemps au-dessus de la forêt trop touffue de la chirurgie de l'imprévu.

Et à supposer que d'autres acquisitions viennent modifier profondément l'état de notre art, il y aura toujours avantage à prendre contact dans ses œuvres avec cet infatigable travailleur, cet ingénieux expérimentateur, cet anatomiste à qui l'utilité des rapports en a fait découvrir de nouveaux, avec cet opérateur tenace et sûr, et surtout peut-être avec ce merveilleux guérisseur qui souvent ne considérait l'opération que comme le prélude d'un traitement chirurgical.

Les jeunes chirurgiens, s'ils sont bien conseillés, liront toujours au moins certaines parties de sa grande œuvre, qui sont de véritables chefs-d'œuvre. Qu'y a-t-il, par exemple, de plus parfait et de plus personnel que l'étude de la résection de l'astragale? de plus éminemment critique que l'étude de la résection du coude? Et ne sont-ce pas de ces pages immortelles qui serviront toujours d'exemple et de modèle à l'humanité en marche?

Quelle est donc la qualité maîtresse qui a assuré à Ollier cette maîtrise, d'autant plus incontestée qu'elle est appréciée de plus loin, et que le temps grandira comme le fait déjà la distance ?

Cette qualité c'est la passion qu'il apportait à l'étude de notre art. Rien ne comptait pour lui lorsqu'il poursuivait une étude chirurgicale. Et l'on peut résumer et sa vie et son œuvre en disant :

Il aima passionnément la chirurgie et ce fut un grand chirurgien.

DISCOURS DE M. BONDET

Malgré les larmes et les sanglots que j'ai peine à contenir, malgré la poignante douleur qui m'enveloppe et m'étreint de toute part, malgré l'affreux déchirement de mon cœur je ne puis me résigner à quitter cette tombe, sans dire à l'illustre mort que nous venons d'accompagner à sa dernière demeure, à l'ami de quarante ans, au nom de tous ceux qui l'ont particulièrement aimé, un dernier et éternel adieu.

Successivement on vient de dire ce qu'il fut dans sa longue carrière, comme savant, comme chirurgien, comme professeur ; on a rappelé ses œuvres, ses succès, les honneurs sans nombre dont il a été comblé, chez nous d'abord, puis dans l'Europe entière.

Après Paris, qui en 1867 lui décerna le grand prix de chirurgie, ce furent, Copenhague, Moscou, Londres, Berlin, qui tour à tour, lui ouvrirent les portes de leurs Universités et de leurs Académies, l'associant partout et toujours aux hommages exceptionnels, aux honneurs exceptionnels aussi, rendus aux plus célèbres chirurgiens de leurs pays.

Ces sentiments de haute estime et de profonde admiration, venant de l'étranger, ce rayonnement de gloire qui chaque jour et de plus en plus, s'attachèrent à la haute personnalité de notre ami, lui créèrent on ne le dira jamais assez, dans nos sociétés savantes, dans nos académies, à l'hôpital, à la Faculté, partout enfin où son influence pouvait se faire sentir, cette haute situation morale qui, de toutes les récompenses qu'il a reçues, fut peut-être celle à laquelle il s'est montré le plus sensible. C'est qu'avant tout, ce grand savant, ce chirurgien éminent entre tous, était un noble cœur.

A côté des qualités incomparables de l'homme public, on ne saurait dire trop haut, la richesse exceptionnelle de cette nature si large, si puissante, si pure, j'allais presque dire si candide et si élevée tout à la fois.

Dans l'intimité, dans l'intérieur de sa famille si heureuse il y a quelques jours, si douloureusement frappée aujourd'hui, comme dans tous les actes de sa vie publique, Ollier fut toujours grand par son caractère, grand par ses idées, grand surtout par ses vertus.

C'est parce qu'il était grand, admirablement servi par une intelligence de premier ordre, aidé par une grande puissance de travail, sans cesse dominé par le culte des nobles idées, guidé dans tout et avant tout, par un amour passionné pour le beau et le vrai, qu'il a pu exercer sur les choses et les hommes de son temps, cette puissante influence dont l'empreinte, il faut l'espérer, se perpétuera parmi nous, avec son souvenir, avec le culte de sa mémoire.

C'est parce qu'il était grand aussi qu'il eut à supporter parfois, d'injustes critiques, de jalouses attaques, dont souvent il faut bien en convenir, ses amis plus que lui-même semblaient particulièrement souffrir. Quant à lui, vivant dans ces hautes sphères de sérénité et de paix où se complaisent les âmes d'élite, les esprits réellement supérieurs, il passait indifférent, paraissant le plus souvent, ne pas les entendre et les ignorer. S'il y pensait parfois, s'il en parlait, c'était pour oublier et pardonner, bien plus que pour se souvenir.

Un fait qui dit bien son extrême générosité, mieux que les plus éloquentes paroles, et qui peint l'homme tout entier, c'est que qu'elles qu'aient été l'injustice et la violence de ces attaques, je ne sache pas que jamais personne ait entendu sortir de sa bouche, un mot de blame ou d'animosité à l'adresse de ses détracteurs. C'est que grand par son savoir, Ollier l'était aussi par les trésors inépuisables de son cœur. Ceux-là seuls qui l'ont approché de près et ont vécu dans son intimité, peuvent dire aujourd'hui comme le diront un jour ceux qui auront à écrire l'histoire de sa vie, ce que renfermait de délicatesse de sentiments, d'admirable dévouement et d'indulgente bonté, ce cœur toujours prêt à se donner aux grands comme aux petits, aux heureux comme aux déshérités de ce monde. A tous il fut toujours fidèle.

Ah ! il nous manquera l'homme dont la vie morale aussi bien que scientifique, fut toujours pour tous un grand et noble exemple ; il nous manquera celui qui par la dignité de sa vie, aussi bien que par la pratique de toutes les vertus, a été et devra rester notre modèle ; Il nous manquera l'ami sûr de tous les jours, à nous surtout qui l'avons particulièrement connu, comme il manquera à tous les siens qu'il a tant aimés, et dont jusqu'à la fin, il a été la joie et l'orgueil.

C'est au milieu d'eux, dans une de ces réunions de famille où notre pauvre ami aimait tant à grouper ses enfants, aux côtés de celle qui fut la vaillante compagne de sa vie, que brutalement la mort est venu le saisir. Elle l'a pris en pleine activité, en pleine gloire, dans toute l'intégrité et la puissance de sa grande et belle intelligence.

Que cette famille éplorée nous permette de lui adresser ici nos plus respectueuses sympathies, qu'elle nous permette de mêler nos larmes à ses larmes, nos regrets à ses regrets, et puisse, s'il est possible, l'empressement de toute une cité en deuil, autour du cercueil de son grand et cher mort, adoucir l'amertume de ses regrets, l'immensité de sa douleur.

Adieu, très cher, très grand et très noble ami, en mon nom, au nom de tous ceux qui ont tenu une place quelconque dans vos affections, au nom de nos collègues de la Faculté de médecine de Paris, adieu ! ou plutôt non, pas adieu, mais au revoir, au revoir dans cette autre vie à laquelle aspirent, et où espèrent se rencontrer un jour ceux qui ont aimé, et qui croient.

DISCOURS DE M. LE DOCTEUR NOGIER

au nom de l'Ecole de Santé militaire

Bien avant la création, à Lyon, d'une Ecole du service de santé militaire. M. Ollier fut, pour plusieurs générations de médecins de l'armée, un maître, dont on allait volontiers écouter les leçons cliniques. Avant la guerre de 1870, je fus parmi ses auditeurs à l'Hôtel-Dieu : On assistait alors à ses premiers essais de résections sous-capsulo-périostées.

Il avait l'abord facile et nous accueillait tous avec son caractère affable et bienveillant ; aussi, en quittant la garnison de Lyon, emportions-nous de lui le meilleur souvenir.

On peut dire que, par ce bon souvenir qu'il laissait parmi nous, *sans s'en douter*, il a beaucoup contribué à faire exprimer le vœu de voir choisir la ville de Lyon pour y reconstituer l'Ecole de médecine militaire de Strasbourg, que la guerre avait fait disparaître.

Depuis lors, ce vœu est devenu une réalité: nos élèves militaires ont, à leur tour, profité largement du haut enseignement chirurgical de ce maître bienveillant, et, comme nous, ils l'ont estimé et vénéré.

Les sympathies qui existaient entre M. Ollier et l'armée étaieut réciproques.

Car, en 1870, quand la patrie était menacée, l'armée l'a vu dans ses rangs, comme chirurgien en chef d'une ambulance lyonnaise de la Croix-Rouge.

Il n'a pas craint, alors, d'abandonner à Lyon tous ses intérêts pour apporter ses soins à nos malheureux soldats blessés et les faire profiter de sa haute expérience chirurgicale.

L'histoire de l'ambulance lyonnaise est une véritable épopée :

D'abord ambulance du quartier général de l'armée des Vosges, commandée par le général Cambriels, elle devint bientôt, à Besançon, ambulance du quartier général du 20e corps, commandé par le général Crousat, qui la conduisit à Orléans, à Baume-la-Rolande et à Ladon.

Elle fut ensuite appelée à desservir le quartier général du général Bourbaki, à l'armée de l'Est, et se signala par son bon fonctionnement dans les combats de Villersexel et d'Héricourt.

Enfin, de Belfort, elle fut entraînée, en Suisse, par la retraite générale de l'armée de l'Est.

Pendant cette dernière partie de la campagne, M. Ollier put faire avec succès de nombreuses résections articulaires, et, chose digne d'attention, tandis que les amputés succombaient presque tous à l'infection purulente, les reséqués des articulations se rétablissaient généralement.

Aujourd'hui encore, de ces opérés survivants ne cessent de témoigner une reconnaissance passionnée à l'habile chirurgien auquel ils doivent la vie.

A la suite de cette pénible campagne, M. Ollier fut récompensé par la croix d'officier de la légion d'honneur.

Depuis, en raison de sa notoriété et de sa probité chirurgicale, M. le professeur Ollier n'a cessé d'être appelé à donner ses soins et ses conseils, dans les cas graves, aux officiers de l'armée et à leur famille ; il jouissait d'un grand crédit dans notre milieu militaire et il y occupa toujours une grande place.

Aujourd'hui que la mort a fait son œuvre :

Au nom des élèves de l'Ecole du service de santé militaire ;

Au nom des membres du corps de santé ;

Au nom même des officiers de l'armée, je rends un dernier et respectueux hommage à notre excellent maître, à l'éminent chirurgien Ollier, qui laisse derrière lui tant de regrets unanimes et tant de reconnaissance passionnée.

DISCOURS DE M. DUCLAUX-MONTEIL

Maire des Vans

Messieurs,

. . . .
Nous nous bornerons simplement à proclamer combien il aima son pays et combien, en toutes circonstances, ce lui fut une joie de secourir et d'aider les enfants de ce coin de France, qui lui tenait tant au cœur, parce que — comme il nous l'écrivait lui-même, il y a quelques mois, alors que notre Société de secours mutuels le nommait son président d'honneur — ce coin de France était sa *première et par cela même sa véritable patrie*.

Il nous serait aisé, laissant parler nos souvenirs, de montrer, par des faits nombreux, comment notre éminent compatriote savait compatir aux souffrances de ceux qui, se réclamant du titre d'Ardéchois, venaient à lui, et comment, avec quelle délicatesse exquise, il savait comprendre leurs peines.

Mais ce serait offenser sa mémoire, parce que ce serait oublier que sa modestie ne nous permit jamais d'évoquer devant lui la pensée d'un de ses bienfaits.

Ah! oui, certes, il aima cette commune des Vans où, déjà, il avait arrêté, je dois le dire, de finir ses jours.

Dans tous nos entretiens, il prenait plaisir à nous répéter ce dessein et à nous redire les charmes de cette maison, assise sur la terre cévenole, où il pourrait goûter le repos, appartenir tout entier à son admirable compagne, à ses enfants auxquels il laisse de si nobles exemples, de si grands devoirs, et jouir pleinement, au milieu d'eux, de ce calme, de cette intimité consolante du foyer, qui est le bonheur suprême d'un chef de famille.

Mais voilà que la mort impitoyable, survenant brusquement, ne lui a pas permis de réaliser ce désir depuis si longtemps caressé, et voilà que notre cité en deuil est comme une mère pleurant le meilleur, le plus illustre de ses fils.

Mais, s'il n'est plus, s'il ne nous sera plus accordé de vivre ces heures si réconfortantes que nous passions auprès de lui, sa mémoire ne périra point, car nous conserverons de lui le grand enseignement d'une vie toute d'honneur, toute consacrée au soulagement de ses semblables, à l'amour de l'humanité.

Mon cher et vénéré compatriote, nous vous disons un suprême adieu et, au nom de nos concitoyens que la douleur étreint, au nom de la Fraternelle des Arts et Métiers, si heureuse et fière de vous posséder, nous renouvelons à tous les membres de votre famille l'hommage de nos bien sincères condoléances et de nos profonds regrets.

DISCOURS DE M. GANGOLPHE

Chirurgien-major de l'Hôtel-Dieu

Messieurs,

En évoquant le souvenir d'un passé déjà lointain, j'ai l'espoir d'avoir rappelé à ceux qui m'entourent la dette de reconnaissance que nous avons contractée envers notre maître.

Dans sa longue et si laborieuse carrière, Ollier sut toujours associer les préoccupations scientifiques aux pénibles exigences d'un service de chirurgie extraordinairement actif.

Le praticien harassé de fatigue n'oubliait pas son rôle ou mieux : sa mission... Une observation détaillée, quelques mots, parfois un souvenir (mais si précis), devenait le point de départ de recherches fécondes, expérimentales ou cliniques.

Le chirurgien s'attachait avec une ténacité admirable à guérir le malade, le savant poursuivait ses recherches, ne négligeant aucune occasion d'apporter de nouveaux matériaux à l'édifice scientifique.

Une expérimentation rigoureuse, de minutieuses dissections pouvaient bien servir de base à ses méthodes de traitement ; mais le laboratoire ne se confondait pas avec la salle d'opération.

Nul n'avait plus que lui le souci de la vie, de la santé de ses malades. A ses yeux, tous offraient un égal intérêt, et, s'il accordait une attention incessante à ses réséqués, il ne négligeait pas le malheureux atteint d'une vulgaire fracture de jambe.

Méthodique, complet, méticuleux dans son examen clinique, il apportait les mêmes qualités à son opération, n'attachant qu'une valeur secondaire à la célérité de l'exécution.

Ce qu'il poursuivait, son idéal, c'était, selon sa propre expression, « la chirurgie des résultats ». Aussi l'opération n'était-elle qu'un premier temps dans la cure de la maladie.

Non seulement il tenait à faire lui-même les premiers pansements, mais encore il surveillait de très près ses opérés, ne craignant pas de confectionner, malgré sa fatigue, bandages silicatés et atelles plâtrées.

A sa sortie du service, le malade n'était pas perdu de vue ; il fallait s'assurer de la permanence de la guérison, de l'amélioration des résultats obtenus ou, au contraire, de leur disparition.

C'est, pendant dix, vingt, trente ans, qu'il a poursuivi l'histoire clinique de certains opérés ; aussi, les préceptes qu'il a formulés, en les déduisant d'une expérience aussi prolongée, ont-ils une valeur incontestée et définitive.

A côté de ces préceptes de chirurgie, il nous a légué l'exemple d'un labeur acharné, d'une conscience scientifique et humanitaire absolue.

Ollier était resté fidèle à l'enseignement au lit du malade ; n'est-ce pas le meilleur moyen de familiariser les élèves avec les difficultés de la pratique, et combien ces discussions, ces interrogatoires de maître à élèves ne sont-ils pas supérieurs à d'éloquentes conférences entendues dans un amphithéâtre ?

Cet enseignement, bien français, Ollier y tenait par-dessus tout, il y excellait ; et nous avons tous présents à la mémoire, ces longues séances d'explorations, d'examen, de mensuration auxquelles il consacrait une grande partie de sa matinée.

Le diagnostic posé, les indications thérapeutiques discutées, puis établies, mais alors seulement, le patient était opéré.

Ollier ne pensait pas qu'il fallût inciser d'abord, diagnostiquer ensuite. Rien n'était laissé au hasard.

Nombreux furent les chirurgiens français et étrangers qui vinrent à Lyon visiter son service.

Mais si jamais Ollier éprouva quelque fierté devant ces témoignages d'admiration, c'est qu'il pensait que ces hommages allaient, par-dessus sa personnalité, à la science française, à la patrie !

INAUGURATION DU MONUMENT

A LYON

Le monument dû à MM. A. Boucher et Rogniat a été inauguré à Lyon, sur la place Ollier, le 23 novembre 1904.

Un certain nombre de professeurs étrangers qui n'avaient pu se rendre aux fêtes d'inauguration, se sont excusés par dépêches. Citons les suivants :

« Empêché par maladie, je charge le professeur Lassar, de me remplacer et de représenter la Société de chirurgie allemande ». Von Bergmann (de Berlin).

« Deuil empêche assister cérémonie. Veuillez recevoir et exprimer mille excuses et regrets ».
D' Lambotte (de Bruxelles).

« En regrettant sincèrement de ne pouvoir assister aux festivités, je vous prie de recevoir l'expression de mon admiration et de ma fidèle mémoire à l'excellent défunt ». Mikulicz (de Breslau).

« Mes sentiments les plus sincères vont à vous, à cause de l'inauguration du monument de l'homme excellent, du savant distingué, de mon collègue et ami Ollier ».
Kœnig (de Berlin).

LE MONUMENT DE LYON

« Ob Galliæ universæ gloriam, sapientiæ decus, familiæ honorem, illustri kiriatri Léop. Ollier monumentum quæsitum meritis, Guido Baccelli, in romanæ archiathenæ clinicis medicæ professor, probat et plaudit ».

Prof. BACCELLI (Rome).

Etc., etc.

« Un temps merveilleux pour la saison ajoutait à l'éclat de la fête, et bien avant l'heure fixée une foule nombreuse se pressait dans l'enceinte réservée et à son pourtour et garnissait toutes les fenêtres des maisons voisines. Dans cette foule, on remarquait une des premières opérées d'Ollier qui apportait, en témoignage de reconnaissance, son humble bouquet de fleurs artificielles.

« Vers deux heures et demie la *Marseillaise* retentit. Le cortège officiel s'avance, prend place sur l'estrade, le voile tombe et la statue apparaît.

« La famille de l'illustre professeur est représentée par son fils, ses gendres, M. et Mme Bonvalot, M. et Mme Casati-Brochier, M. et Mme Chatin, Mlle Ollier; le docteur Ollier son frère, le docteur Phélip son neveu. Mme Ollier, souffrante, n'a pu assister à la cérémonie.

« Sur l'estrade d'honneur ont pris place M. Chaumié, ministre de l'Instruction publique, M. Bayet, directeur de l'enseignement; trois membres de l'Institut, MM. Chauveau, Guyon et Lannelongue; M. Pozzi, le professeur Lassar, de Berlin, délégué de la Société allemande de chirurgie; MM. van Stokum, de Rotterdam, Girard, Julliard et Reverdin, de Genève; le préfet du Rhône, le maire de Lyon, le gouverneur militaire, le recteur de l'Université, les sénateurs et députés, le corps professoral, etc.

« M. Lortet, doyen de la Faculté de médecine, remet le monument au maire, le docteur Augagneur, qui l'accepte au nom de la ville. M. Chaumié s'associe au nom du gouvernement de la République à l'hommage rendu à la mémoire d'Ollier, M. Compayré parle au nom de l'Université de Lyon. M. Lassar, d'une voix haute et forte, entendue de tous, présente l'hommage des chirurgiens allemands et dépose une couronne de lauriers. M. Guyon, au nom de l'Institut, expose l'œuvre d'Ollier. M. Chauveau retrace avec émotion la carrière d'Ollier, l'ancienne amitié qui les a unis, le rôle qu'il joua par le seul éclat de son nom pour la création de la Faculté, la déception de ne pas être nommé à l'Institut parce qu'il ne voulut pas quitter Lyon, la revanche donnée bientôt à cet échec par l'Académie de Berlin qui, sur quatre grands panneaux réservés aux plus illustres représentants de la chirurgie actuelle, en réserva un pour Ollier, l'œuvre chirurgicale admirable, les services rendus pendant la guerre dans les ambulances.

« Il était près de quatre heures, M. Chaumié devait rentrer à Paris ; les personnages officiels l'accompagnent à la gare, et la séance se poursuit présidée par M. Bayet. Deux des élèves d'Ollier, qui lui ont fait le plus d'honneur et l'ont entouré le plus d'affection, le docteur Vincent, au nom de l'Académie des sciences, belles-lettres et arts, dont Ollier fut deux fois président ; le docteur Gangolphe au nom des chirurgiens de l'Hôtel-Dieu, retracent l'idée directrice de sa vie et l'évolution de ses travaux. Le dernier discours est celui du professeur Teissier parlant au nom de l'Association pour l'avancement des sciences ». (Lyon médical).

Voici les discours prononcés aux fêtes de l'inauguration du monument de Lyon :

DISCOURS DE M. LORTET

Monsieur le Ministre,

C'est avec l'expression de la plus profonde des reconnaissances que nous vous remercions d'avoir bien voulu interrompre vos importants travaux pour présider à l'inauguration du monument élevé à la grande mémoire du professeur Ollier. Cette glorification de notre regretté concitoyen honore non seulement celui que nous avons perdu, mais aussi notre ville, notre patrie, le monde scientifique, tous ceux qui ont bien voulu, en s'associant à notre œuvre, ne pas oublier les immenses services que cet homme de bien a rendus à l'humanité, de cet ingénieux et modeste savant dont le noble caractère a toujours su attirer le respect et l'affection de tous ceux qui ont eu le bonheur de l'approcher.

Aussi, le 25 novembre 1900, lorsqu'il est tombé foudroyé dans sa 70ᵉ année, sans une infirmité, sans la moindre défaillance de sa belle intelligence, l'émotion et la tristesse furent grandes dans notre cité. Ses élèves et ses nombreux amis, dont le cœur était déchiré par cette terrifiante nouvelle, ne pouvaient croire à ce brusque départ, à la destruction de cette force si vive et si précieuse, que rien n'avait pu faire pressentir.

La population laborieuse de notre ville s'associa toute entière à notre douleur. Chez les déshérités comme chez les heureux de ce monde, on regrettait sincèrement la mort de cet homme dévoué, le créateur de la chirurgie conservatrice dont les admirables travaux, les ingénieuses expériences, permettent de régénérer les os brisés ou malades, et de conserver ainsi l'usage des membres chez quantité de malheureux qui, auparavant, étaient obligés de subir d'affreuses amputations, les privant de la possibité de gagner le pain quotidien.

Le lendemain de l'ensevelissement de notre collègue, les amis, les élèves, les admirateurs et les concitoyens du professeur Ollier ont pensé que pour perpétuer par un grand monument la gloire de l'illustre chirurgien, il était nécessaire d'ouvrir une souscription publique.

Un premier comité d'initiative placé sous la présidence de MM. Chauveau et Aynard, membres de l'Institut, a été constitué, et il a été décidé qu'un second comité de patronage, dans lequel figureraient les noms les plus connus du monde savant, non seulement à Lyon, mais à Paris et à l'étranger, s'occuperait à recueillir et à centraliser les souscriptions.

A ces noms nous avons été heureux d'associer le vôtre, Monsieur le Ministre, les pouvoirs publics de notre région, les notabilités et la presse lyonnaise. Tous ont mis le plus grand empressement à nous prêter leur précieux et puissant concours.

L'Allemagne, l'Angleterre, la Russie, le Danemark, la Suède, la Hollande, l'Italie, la Suisse, l'Espagne, l'Amérique, l'Australie même, ont tenu à honneur de nous envoyer leurs souscriptions.

Le 7 mai 1901, M. le maire de Lyon faisait voter à l'unanimité, par le conseil municipal, une proposition donnant le nom d'Ollier à la place située en tête des bâtiments de notre grande Université, et sur laquelle le monument que vous avez sous les yeux devait être édifié. Cet acte de haute justice honore les représentants de notre municipalité, aussi suis-je heureux de leur témoigner ici les sentiments de notre profonde reconnaissance.

L'exécution de l'œuvre remarquable que vous allez admirer, a été confiée à M. A. Boucher, lié d'amitié depuis de longues années, avec Ollier. Dans ce bronze, il a su faire revivre l'intelligence si mobile de celui qui n'est plus.

Le piédestal a été très élégamment dessiné par M. l'architecte Rogniat. Il est construit avec le solide granit de nos Vosges et supporte dignement la statue magistrale, modelée avec tant de puissance par notre grand sculpteur.

Que ces deux artistes qui ont su mettre le mouvement et la grâce dans ce majestueux monument, veuillent bien agréer ici l'expression de notre admiration.

Messieurs, au nom du comité de souscription, j'ai l'honneur de remettre aujourd'hui ce monument à M. le Maire, et je le confie à la garde respectueuse de la population lyonnaise qui saura conserver longtemps la mémoire d'un grand bienfaiteur de l'humanité.

DISCOURS DE M. AUGAGNEUR

Maire de Lyon

Messieurs,

Au nom de la ville de Lyon, je prends possession du monument que la piété de ses proches, la reconnaissance de ses élèves, le souvenir de ses amis, l'hommage des savants, ses émules, ont élevé à la mémoire d'Ollier.

Lyon s'est associé à votre œuvre, Messieurs, en attribuant à la statue du maître disparu l'emplacement qu'elle occupe. Nul emplacement ne pouvait être mieux choisi : Ollier se dresse, voisin de la Faculté qu'il illustra, et dont sa renommée avait, pour une grande part, assuré la création ; sur l'autre rive du Rhône, lui faisant presque face, l'Hôtel-Dieu où il produisit de si remarquables travaux, où il forma des générations d'élèves, et là-bas, dans le lointain, les coteaux qui se continuent avec les collines de l'Ardèche, le pays natal, auquel il était resté si attaché, dont sa parole avait conservé l'accent.

Notre ville a eu le singulier privilège d'être illustrée par ses médecins et ses chirurgiens. Par les deux grands fleuves, seules routes empruntées jusqu'à la création des chemins de fer, arrivaient les malades, comme les commerçants, de toutes les régions tributaires de la grande ville bâtie à leur confluent. Des hôpitaux s'élevèrent, si importants, qu'aujourd'hui encore, leurs dômes dominent tous les autres monuments de la cité. Dans ce vaste champ de souffrance, nombreux furent les hommes — de talent toujours, de génie quelquefois — qui laissèrent un souvenir de bienfaiteurs de l'humanité. La postérité reconnaissante a perpétué leur mémoire en inscrivant leur nom sur les édifices, ou en leur donnant des statues. Pouteau, Dussaussoy, Marc-Antoine Petit, Barrier, Gensoul ont donné leur nom à nos places et à nos rues. La statue de Bonnet s'élève dans la cour de l'Hôtel-Dieu, aujourd'hui nous nous recueillons devant l'image d'Ollier.

A d'autres est réservé le soin de rappeler ce que fut l'œuvre d'Ollier, quels faits physiologiques il mit définitivement en lumière, quelles conséquences utiles il déduisit de ces constatations physiologiques. A moi, représentant de la ville tout entière, à moi qui dois oublier ici que je fus l'élève et le collègue d'Ollier, revient le devoir de vous dire à vous tous, Messieurs les représentants de l'Université et de la faculté de médecine en particulier, combien Lyon s'intéresse à vos travaux, combien la cité laborieuse et pratique prise la science médicale dont les applications sont d'utilité immédiate, comment cette ville s'est associée volontiers à l'effort de ceux qui, en dressant ici la statue d'Ollier, ont voulu non seulement élever un monument à la gloire de celui qui fut un grand travailleur et un grand savant, mais aussi à la chirurgie lyonnaise, à ceux qui ont réduit l'étendue toujours trop vaste des souffrances et des impuissances humaines.

DISCOURS DE M. CHAUMIÉ

Ministre de l'Instruction publique

Messieurs,

Le gouvernement de la République considère à la fois, comme un honneur et comme un devoir, de s'associer, en prenant part à cette cérémonie, à l'hommage rendu par les élèves, les amis et les admirateurs du professeur Ollier, à la mémoire du grand chirurgien.

Mon regret est vif de ce que mon incompétence ne me permette pas de louer, comme ils le méritent, les puissants travaux de ce maître, les progrès immenses qu'il a fait faire à la chirurgie ; de dire, avec l'autorité que seule peut donner la science, l'éclat de son intelligence, la solidité et l'étendue de son savoir, sa hardiesse en même temps que sa prudence, la maîtrise de sa main habile, de conter enfin cette vie toute entière consacrée au bien de l'humanité, si pleine de beaux exemples, si riche de services rendus.

Quelle fierté pour ceux qui l'ont connu et aimé, que de voir se dérouler de nouveau à leurs yeux, au pied de cette statue, où ils croient le voir revivre, les phases brillantes de son existence, les premiers succès si rapidement conquis et avec tant d'éclat, les premiers essais si pleins de promesses, les expériences s'ajoutant aux expériences, apportant chacune une contribution nouvelle à la démonstration désormais radieuse de la vérité et des bienfaits de la chirurgie conservatrice.

Chez Ollier, le professeur, le clinicien ne le cédaient en rien à l'opérateur. Je ne puis oublier le portrait ému et enthousiaste qu'a tracé de lui un de ses élèves devenu aujourd'hui un maître. Les plus nobles qualités du cœur, les plus hautes vertus de l'âme s'alliaient à son génie.

Sa bonté, sa délicatesse auprès des malades étaient exquises.

Ce que son patriotisme lui inspira pendant l'affreuse guerre de 1870, nul ne l'ignore, et l'on ne peut s'empêcher de le rappeler encore.

Quittant les siens, abandonnant ses obligations personnelles, son hôpital, sa clientèle, le voilà qui forme une ambulance de marche et entraîne, par son généreux exemple, de nombreux médecins et chirurgiens.

Il se dévoue sans mesure, et presque sur le champ de bataille, appliquant sa méthode, encore si contestée, il parvient à renvoyer guérir, à leurs foyers, des blessés que menaçait la mort ou qu'attendaient tout au moins d'incurables infirmités.

En même temps qu'il recueillait, en France, l'estime et l'admiration qu'il avait conquises, la renommée de son nom, l'éclat de ses travaux et de ses découvertes se répandait au dehors, et les plus grands honneurs lui étaient rendus par des étrangers hier encore nos ennemis.

Nulle mémoire ne mérite davantage le culte pieux qui lui est rendu, les hommages qui lui sont apportés.

En passant au pied de cette statue, le peuple se rappellera que celui dont elle conserve l'image fut grand par le caractère, l'intelligence, le savoir, le cœur, que, grâce à lui, des souffrances ont pu et pourront, à l'avenir, être évitées, des blessures guéries, et il s'inclinera avec émotion.

Au nom du pays tout entier, le gouvernement de la République apporte ici, avec son salut respectueux, le tribut de sa reconnaissance et de son admiration.

DISCOURS DE M. COMPAYRÉ

Recteur de l'Académie de Lyon

Monsieur le Ministre,

A mon tour, je vous remercie d'être venu par votre présence et par vos éloquentes paroles accroître l'éclat de cette cérémonie. Je vous en remercie au nom de l'Université de Lyon qui ne peut que s'associer largement à la glorification de la mémoire d'Ollier. Elle ne saurait oublier, en effet, qu'Ollier lui a appartenu pendant vingt-trois ans, que, s'il a été un savant éminent, un merveilleux praticien, il fut aussi un professeur admirable ; qu'il a formé des élèves qui lui font honneur ; qu'il a servi enfin l'enseignement supérieur lyonnais par ses leçons autant qu'il l'illustrait par ses travaux.

Il y a quatre ans, le 25 novembre 1900, Ollier nous a quittés, emporté avec les feuilles d'automne qui tombaient. Nous ne sommes pas consolés de sa perte ; mais c'est du moins une vive satisfaction pour nous de le revoir aujourd'hui, si peu de temps après sa mort, immobilisé dans le bronze, immortalisé dans un monument digne de lui, grâce à ses admirateurs et à ses amis, grâce à une souscription qui a été un hommage international, puisque les dons sont venus de tous les pays, des Etats-Unis comme de l'Allemagne.

Il est bien là tel que nous l'avons connu, drapé dans sa robe de professeur, dans sa noble stature, la tête haute et fière, comme il lui arrivait de la tenir, lorsqu'il relevait parfois son regard pensif au-dessus de ses occupations techniques pour s'intéresser aux affaires du pays et aux destinées morales de la France, après s'être penché longuement sur les souffrances et les misères physiques de ses semblables.

Et ce qui nous satisfait aussi, c'est l'heureuse inspiration qu'on a eue de choisir cet emplacement pour y perpétuer son souvenir. Sur cette rive gauche du Rhône où il semble qu'il y ait comme un rendez-vous de statues de savants, — puisque, d'un côté, à quelques centaines de mètres, se dresse la statue de Bernard de Jussieu, et que, de l'autre côté, à quelques pas, la statue de Claude Bernard décore l'entrée de la Faculté de médecine, — Ollier est bien à sa place, entre ses deux illustres voisins.

Mais surtout, placé comme à l'entrée de Université, il restera près de nous ; il ne sera pas séparé de l'Université dont il a été la gloire ; il en gardera les abords ; il en montrera le chemin aux générations de l'avenir, et, dans la suite des années, quand nos étudiants, avant de se rendre à leurs salles de cours, salueront au passage la statue d'Ollier, peut-être, dans la contemplation de sa noble image, se rappelant ses services et ses vertus, puiseront-ils un peu de l'ardeur qui l'animait, un peu du courage nécessaire pour suivre de loin ses traces et se consacrer comme lui au culte de la science et des applications de la science.

Il y a quelques jours, sur cette place, devant la statue un instant dévoilée, j'entendais des femmes du peuple, s'extasiant devant la ressemblance au modèle, dire en leur langage familier : « Comme c'est lui, lui qui m'a soignée, qui m'a guérie. Comme il était bon et simple !... »

C'était sans doute quelques-unes de ces pauvres ouvrières auxquelles, par ses habiles opérations, il réussissait à rendre toute la souplesse de leurs doigts, afin qu'elles pussent continuer à gagner leur vie dans leurs travaux de broderie et de couture.

C'était, en tout cas, la voix du peuple, de la reconnaissance publique qui montait vers le chirurgien dont l'art consommé a secouru tant de malheureux, soulagé tant d'infortunes.

Et aujourd'hui, Messieurs, par l'organe du Ministre de l'Instruction publique, c'est la voix du gouvernement de la République, par l'organe des savants de l'étranger et des savants de la France qui fraternisent ici dans un même sentiment, ce sont les voix de la science qui s'unissent pour saluer et glorifier la mémoire d'un homme dont on peut bien dire qu'il a été un grand serviteur de son pays et un bienfaiteur de l'humanité.

DISCOURS DU PROFESSEUR LASSAR

au nom de la Société Allemande de Chirurgie de Berlin.

Monsieur le Ministre,
Mesdames et Messieurs,

Comme membre de la Société allemande de chirurgie, dont le représentant élu, M. de Bergmann, à son grand regret, a été empêché de venir ; au nom de cette grande et nombreuse réunion de chirurgiens, à laquelle appartenait, comme membre honoraire, l'inoubliable professeur Ollier, moi, amené par la confraternité internationale, qui passe les frontières et qui sait lier les cœurs, je mets cette couronne aux pieds du maître.

Grand penseur et explorateur, initiateur de nouvelles idées et de nouvelles méthodes, il a su réunir la haute science à l'art pratique et à une humanité sans pareille.

Parmi toutes les facultés et toutes les professions humaines, il n'y en a pas qui puisse fournir des satisfactions comparables à celles d'un grand médecin. Tel était le défunt. Opérateur des plus heureux, praticien exemplaire, professeur adoré par des générations d'étudiants, confrère cordialement aimé par les médecins de l'univers entier.

Léopold Ollier est devenu immortel. L'emblème de la gloire, c'est le laurier. Au grand maître français, nous, les médecins d'Allemagne, en signe de reconnaissance pour sa charmante sympathie et de notre très haute vénération, à sa mémoire nous dédions ce laurier, symbole de ses mérites et de l'immortalité de son nom. Nous rendons nos hommages à jamais à Ollier, notre grand confrère français !

DISCOURS DE M. Félix GUYON

Membre de l'Académie des Sciences

au nom de l'Académie des Sciences et de l'Académie de Médecine

---

Messieurs,

Il est des hommes qui, après avoir acquis, de leur vivant, la plus haute renommée, conservent après leur mort toute leur autorité, et ne perdent rien de leur prestige. Alors qu'ils ont interrompu, en cessant de vivre, le labeur fécond qu'ils poursuivaient sans relâche, leur œuvre reste définitivement édifiée et garde toute sa puissance. La gloire qui s'attache à leur nom devient le patrimoine de leur famille, elle rayonne sur leur cité, sur leur pays et continue à s'étendre bien au-delà de ses frontières.

Ollier fut de ceux-là. Le chirurgien en chef de l'Hôtel-Dieu de Lyon, le professeur de clinique chirurgicale de la Faculté de médecine de cette ville a pris depuis longtemps, dans la chirurgie contemporaine, la place qui lui est due et qu'il ne cessera d'occuper.

Le comité qui a été institué pour honorer sa mémoire, en érigeant la statue au pied de laquelle nous sommes rassemblés, a voulu fournir aux chirurgiens de tous les pays l'occasion de témoigner solennellement la haute estime en laquelle ils tiennent le grand chirurgien français. A tous, il a permis d'affirmer leur admiration pour le savant ; à beaucoup, de goûter la satisfaction profonde que ressent l'amitié en voyant l'homme dont ils sont fiers, être glorifié comme il le mérite.

Je remercie les organisateurs de cette imposante cérémonie de s'être souvenus que j'étais un des amis les plus anciens d'Ollier, et de m'avoir fait l'honneur de me demander de prendre la parole au nom de l'Académie des Sciences et de l'Académie de Médecine (1).

Ollier, qui, suivant ses propres expressions, avait voulu partir de la physiologie pour arriver à la pratique, fut un expérimentateur remarquable et un chirurgien accompli. Grâce à la stabilité précoce d'un esprit qui sent qu'il n'a qu'à continuer sa marche pour atteindre le but, il a pu, pendant toute sa carrière, suivre la direction dans laquelle il s'était engagé dès ses premiers pas.

Il n'a pas cessé d'obéir à la pensée qui lui fit choisir la physiologie comme point de départ. « Je suis toujours dans la conviction, écrit-il, dans l'avant-propos du troisième volume du Traité des Résections, que l'expérimentation sur les animaux vivants est le plus puissant élément du progrès de la chirurgie scientifique ». Il reproduisait sous une autre forme, en arrivant au couronnement de son œuvre, les paroles de Claude Bernard, qui avaient servi d'épigraphe à son premier grand ouvrage : « La médecine scientifique ne peut se constituer que par voie expérimentale ».

Dans son *Traité expérimental et clinique de la régénération des os et de la production artificielle du tissus osseux*, comme dans son *Traité des résections et des opérations conservatrices qu'on peut pratiquer sur le système osseux*, il a mis au premier rang les questions

---

(1) Ollier fut nommé correspondant de l'Institut de France dans la section de médecine et de chirurgie le 18 mai 1874 ; correspondant de l'Académie de médecine le 23 octobre 1874, et associé national le 20 février 1883.

de méthode, et constamment recherché les lois qui rattachent les faits physiologiques aux faits cliniques.

Tous ceux qu'intéressent les problèmes chirurgicaux bien posés et scientifiquement résolus ont médité ces célèbres ouvrages. Ils savent la haute portée des travaux d'Ollier, et la part qui revient, dans les progrès accomplis, à la justesse d'application de la physiologie à la pratique. Dans le milieu où je parle, comme partout ailleurs, il suffit, pour l'honneur du nom d'Ollier et la conservation de sa mémoire de rappeler le caractère de son œuvre, d'en laisser entrevoir l'imposant ensemble, et de parler de lui.

Peu de questions ont, au même degré que l'ostéogénie, éveillé l'attention des chirurgiens, et sollicité les expérimentateurs. Des observations fort anciennes témoignent de la reproduction des os et, dans des temps encore voisins, de célèbres expériences en ont affirmé la réalité.

L'idée de la formation de l'os par le périoste appartient à Duhamel, et personne n'a apporté en faveur de cette manière de voir, qui fait du périoste l'organe essentiel de la production osseuse, de propositions plus catégoriques que celles qu'a formulées Flourens. Il les résumait dans ces quelques mots : « L'os se forme donc dans le périoste ».

Mais l'étude de la reproduction des os est complexe. Bien que divers expérimentateurs, entre autres Flourens et Bernard Heine, eussent enlevé des portions d'os, ou même des os tout entiers, en conservant le périoste, et vu le tissu osseux se reformer, le pouvoir ostéogène de l'enveloppe des os était encore discuté au point de vue expérimental, et plus encore au point de vue de ses applications. Ainsi que l'avait fait Bichat, on ne lui accordait aucun pouvoir spécial, ou l'on opposait les uns aux autres les faits contradictoires sans chercher la cause de leurs différences. Devant l'indéterminé, la chirurgie restait hésitante ou indifférente.

Ollier lui-même devait subir le contre-coup de ces incertitudes. Lorsqu'il aborda, en 1858, l'étude à laquelle il allait consacrer sa vie, il voulut tout d'abord connaître entièrement ce que l'on savait à ce moment. Il ne tarda pas à éprouver le besoin de recourir à l'expérimentation, pour sortir du doute où le laissaient ses longues recherches historiques et critiques. « Nous étions, dit-il, très hésitant au début, et peu partisan de la formation de l'os par le périoste ; nous pensions que le périoste n'agissait que comme membrane vasculaire et fibreuse, et n'avait rien de spécial dans les propriétés de ses éléments anatomiques. C'est sur ces entrefaites que nous eûmes l'idée de la transplantation du périoste. Les résultats de cette expérience changèrent complètement notre manière de voir ».

Ollier, qui avait été ramené jusqu'à la conception négative de Bichat par ses premières recherches, trouva dans l'idée de la transplantation du périoste le point d'appui qui lui manquait. Il avait en sa possession un moyen qui permettait d'analyser dans chacun de leurs détails les conditions qui donnent au périoste le pouvoir de faire de l'os. Sa foi dans l'avenir chirurgical de la reproduction des os, affirmée par le titre de sa première publication devint inébranlable. Elle lui donna la force persévérante qui lui permit de réaliser la création complète d'un organe, en parvenant à obtenir la reconstitution anatomique et fonctionnelle des articulations.

Il discerna et démêla tout d'abord, à l'aide d'expériences répétées, variées et comparatives, en quoi consiste précisément la fonction ostéogène du périoste. On s'aperçut aussitôt qu'un véritable novateur était venu et qu'une question que l'on croyait épuisée allait renaître. Le jeune expérimentateur y apportait la clarté. Mais, à mesure qu'il analysait dans tous ses détails le délicat problème, il mesurait la distance qui séparait la découverte de la graine d'os de la reconstruction d'un os utilisable. Les démonstrations de la physiologie ne pouvaient suffire.

Pour demander aux résections d'être non seulement des opérations conservatrices mais des opérations régénératrices, il fallait ajouter aux résultats de l'expérimentation ceux de l'observation clinique.

Pareil programme est celui qui assure la bonne application de la physiologie aux sciences médicales. Les questions de physiologie normale, de pathologie et de thérapeutique s'y trouvaient réunies. Ollier allait obtenir chez l'homme des résultats aussi démonstratifs que chez les animaux. Mais en s'attachant à recueillir en faveur de la régénération des os, un ensemble de faits cliniques aussi concluants que les faits expérimentaux, il garda la plus grande réserve dans l'application des résultats physiologiques obtenus dans le laboratoire. Il sut se soumettre aux lenteurs nécessaires de l'observation.

Telles étaient ses dispositions d'esprit quand il fut placé, en 1860, à la tête des services chirurgicaux de l'Hôtel-Dieu de Lyon. Dans ce milieu si vaste où se sont accomplis tant de progrès, dans ce centre de l'activité chirurgicale d'une aussi grande ville, le jeune chirurgien, qui était dès lors forcé d'agir, entrait dans la pratique après avoir trouvé sa direction. Il avait appris, en étudiant l'art d'instituer des expériences, à recueillir des matériaux scientifiques et se trouvait tout préparé à demander à l'observation clinique de lui fournir des faits de même ordre. Il lui tardait de pouvoir le faire, car déjà la résection sous-périostée, qu'il avait conçue, avait été appliquée par Verneuil à l'hôpital Beaujon. Mais il n'eut pas d'impatience. Il savait que la discipline expérimentale veut que toute idée confirmée par une expérience demande une contre-épreuve, et il observa cette sorte de consigne.

Les faits dont il avait le vif désir de démontrer la valeur positive exigeaient tout particulièrement la contre-épreuve de la durée. De longues échéances étaient exigibles pour que la valeur thérapeutique des résections sous-périostées fut établie sans conteste. Il tenait d'autant plus à ce genre de démonstration qu'il estimait, comme il l'a écrit, que « la physiologie expérimentale fournit au chirurgien des motifs d'action, très légitimes sans doute, mais que l'observation clinique, seule, juge en dernier ressort ».

Plus il observa et plus il arriva à se convaincre de la concordance parfaite des deux ordres de faits. En procédant de la sorte, il était resté physiologiste en devenant chirurgien. Il soumit chaque jour l'expérimentation physiologique, à laquelle il continuait à avoir recours, à l'épreuve de l'observation clinique et travailla, sans hâte, mais avec certitude, à l'édification de son œuvre. C'est ainsi qu'Ollier apporta à la chirurgie l'un des plus beaux témoignages de la fécondité de son union avec la physiologie.

Un autre enfant du pays lyonnais, Claude Bernard, préparait alors cette union nécessaire.

Elle est devenue indissoluble depuis que son enseignement nous a donné une vue claire des lois auxquelles nous devons obéir pour appliquer à l'étude des sciences médicales les principes de la méthode expérimentale. On sait que le grand homme auquel nous devons leur pénétration dans un terrain où la complexité des phénomènes de la vie normale et pathologique en rendait l'application difficile, ne s'est pas seulement heurté aux obstacles que lui opposaient les choses.

Ollier accepta sans hésitation la direction de ce guide supérieur et fut l'un de ses plus fervents adeptes. Il l'a fidèlement suivi et sut toujours éviter les vices de méthode et les mauvaises habitudes d'esprit qui conduisent à de fausses applications de la physiologie à la clinique.

Une autre raison lui fit apporter quelque lenteur dans l'application de ses résultats expérimentaux. Ce fut la nécessité de compléter ses recherches à certains points de vue, et en particulier au point de vue de l'accroissement ultérieur des membres, question qui n'avait pas encore été abordée. Ollier n'avait pas le dessein de s'arrêter à la conservation anatomique des membres. Sa pensée dominante, l'idéal qu'il a poursuivi et qu'il a eu le bonheur d'atteindre a été leur conservation fonctionnelle.

Aujourd'hui, les malades n'en sont plus, comme il arrivait si souvent autrefois, à regretter l'inutile conservation de la masse vivante échappée au couteau. Il fallait, pour éviter sûrement semblable déception, non seulement obtenir la reconstitution des articulations, mais ne pas s'exposer à compromettre le développement régulier des membres. A ce point de vue encore, il ne suffisait pas du succès immédiat de l'opération. Pour déterminer la valeur thérapeutique des résections, la constatation des résultats éloignés et définitifs était indispensable.

On comprend qu'en se plaçant à ce point de vue et en s'imposant la tâche d'appliquer à la chirurgie les résultats de l'expérimentation physiologique faite sur le système osseux tout entier, Ollier ait pu écrire : qu'il y avait là un champ immense à explorer. Mais il se consacra à l'étude scientifique et pratique de la physiologie, de la pathologie et du traitement des maladies des os et des articulations, sans avoir le souci de la durée de ce labeur.

Ollier n'eut jamais l'obsession de l'arrivée rapide. Il ne pouvait éprouver ce vertige spécial qui atteint seulement ceux qui ne s'élèvent pas à la hauteur où l'on est préservé.

Bien des années s'écoulèrent avant qu'il trouvât suffisant le faisceau de faits qu'il ne cessait de recueillir. Velpeau communiquait à l'Académie des sciences, le 6 décembre 1858, les expériences sur la transplantation du périoste ; Ollier venait alors d'arriver à son vingt-huitième anniversaire (1). Le 10 octobre 1894, le Congrès français de chirurgie se réunissait à Lyon et ses membres pouvaient en examinant cinquante-huit des plus anciens opérés d'Ollier, s'assurer que la physiologie avait tenu les promesses faites en son nom à la chirurgie. Quelques-uns de ces anciens malades étaient opérés depuis un quart de siècle, la grande majorité depuis plus de dix années. Tous les assistants purent examiner les membres réséqués, les palper et les faire agir. Et, comme les os enlevés leur étaient en même temps présentés, il leur fut facile, en les mettant en regard des articulations reconstituées, de constater que la reproduction des extrémités osseuses autrefois sacrifiées avait été obtenue et assurait le jeu de ces organes de nouvelle création.

Les conséquences des recherches d'Ollier ne sont pas limitées à cette utilisation pratique des phénomènes physiologiques dont il s'était rendu scientifiquement maitre. Ainsi que le disait un éminent physiologiste, qui, lui aussi, est l'une de vos gloires, les expériences d'Ollier n'ont pas seulement servi à l'élucidation des questions spéciales qu'elles ont résolues, elles ont apporté leur contribution à la physiologie générale. Cette remarque de M. Chauveau est justifiée sur bien des points. C'est ainsi que la méthode d'expérimentation qui donna son précieux concours à la doctrine de la formation de l'os par le périoste, mit Ollier à même d'étu-

---

(1) Ollier est né le 2 décembre 1830, aux Vans (Ardèche).

dier les conditions de succès de la greffe animale. Il a rappelé l'attention sur cette importante question de physiologie générale. On sait que la chirurgie y a puisé les plus utiles inspirations, et qu'Ollier fit, le premier, la transplantation de larges lambeaux revêtus d'épiderme sur des surfaces granuleuses et sur des espaces cruentés.

La série de constatations relatives à l'activité du périoste et à la vie des os est particulièrement remarquable. L'analyse expérimentale des conditions qui en influencent les manifestations est d'un très haut intérêt.

Le périoste qui, une fois la croissance terminée, n'a plus à agir comme organe de l'accroissement des os, perd ses éléments embryonnaires et prend l'aspect d'une membrane fibreuse ordinaire. Mais que l'on vienne à l'irriter directement par des dilacérations répétées, et surtout par des dilacérations agissant sur la moelle centrale, on rend au périoste âgé les propriétés du périoste jeune. Sous l'influence de la maladie, la couche ostéogène sort de son sommeil et peut de nouveau faire de l'os.

A cela ne se bornent pas les curieux effets de la vie morbide. Les irritations de toutes sortes, — dénudations périostiques, incisions, trépanations, implantation de corps étrangers, cautérisations, inflammations qui atteignent la diaphyse de l'os loin des cartilages de conjugaison et agissent, par conséquent, d'une manière indirecte, — déterminent constamment, quand elles sont suffisantes, une augmentation de développement du tissu osseux. L'allongement pathologique des os est réel ; il a été étudié avec autant de soin par Ollier que leur accroissement normal.

Il faut se contraindre pour ne pas continuer. Je vais me priver de dire tout ce qu'Ollier nous a appris sur le rôle des cartilages de conjugaison dans le développement normal des os et la production de plusieurs de leurs maladies les plus graves. Je passe sous silence les fructueuses applications de ses nombreuses et ingénieuses expériences à l'étude et au traitement des maladies des os, des articulations, et des difformités qui en résultent. Je me borne à rappeler l'une de celles dont la portée est la plus grande.

On sait que nous devons à Ollier la formule des lois d'accroissement des membres supérieurs et inférieurs et que ces lois, qui les protègent contre de malencontreuses entreprises opératoires, ont reçu le nom de leur auteur. Elles le portent à juste titre. Mais ce nom n'est-il pas à jamais rattaché à l'étude de chacune des particularités de la vie normale et pathologique des os et des articulations et de la bonne direction du traitement de leurs maladies ? Comme celui d'Amédée Bonnet le nom de Léopold Ollier sera toujours placé au premier rang dans l'histoire de la chirurgie conservatrice des membres.

Ollier suivait en toutes choses une direction bien déterminée. Convaincu de l'importance capitale de la méthode et des généralités, il étudiait d'abord l'ensemble des sujets et réglait ensuite chacun de leurs détails. C'était, à son avis le moyen de se préserver de l'inutile, d'éviter, par exemple, l'encombrement des procédés, de choisir en connaissance de cause celui qui convenait le mieux, et même d'en inventer de nouveaux dans les cas imprévus.

La création de la méthode sous-périostée a donné la preuve de la justesse de ses vues. Après en avoir établi les principes, Ollier a pu régler, avec une sûre précision, chacun des points de la technique des opérations qui se font à l'abri du périoste. Toutes les applications qu'il en a faites sur l'homme sont en rapport direct avec leur objet. Il n'est besoin d'y rien ajouter, ni d'en rien retrancher, pour obtenir les résultats que son auteur a voulu donner aux chirurgiens la possibilité d'atteindre.

Ollier s'est attaché avec la même conviction et la même méthode à l'examen des questions d'indications et de contre indications. Il professait que « plus la chirurgie a le droit de devenir entreprenante et plus elle doit calculer les conséquences de son intervention ». Il voulait, comme le grand ancêtre des chirurgiens français, s'appuyer sur la connaissance approfondie des indications, lesquelles, dit Ambroise Paré, « sont nécessaires sçavoir au chirurgien méthodique et rationnel qui pourra prévoir non seulement les maladies curables et les remèdes avec lesquels elles seront guaries, mais aussi celles qui ne peuvent pas guarir ».

La recherche des faits nouveaux ne lui fit jamais perdre de vue les faits anciens et méconnaître la valeur probante de ceux qui, selon ses expressions « ont été consacrés par l'expérience de tous les temps et subsistent malgré toutes les variations doctrinales ». Conduit par la pratique des résections articulaires sur le terrain de la tuberculose osseuse, il a envisagé, avec l'esprit clinique le plus élevé et le plus large, le rôle de l'intervention chirurgicale dans son traitement.

On sait avec quelle ampleur magistrale il posa les termes de cette grande question et la discuta dans la communication qu'il fit au Congrès de Copenhague, le 11 août 1884, sur les opérations conservatrices dans la tuberculose osseuse, sujet que le Bureau de la Section de chirurgie l'avait chargé de traiter.

L'habitude de tout considérer pour bien juger le conduisit à insister sur les enseignements fournis par les observations cliniques. Les faits anciens avaient montré l'influence fort heureuse des méthodes non sanglantes sur la marche de la tuberculose articulaire ; Ollier avait, comme Bonnet, constaté leur efficacité remarquable. Les faits nouveaux lui avaient permis de juger comparativement les résultats du sacrifice des membres et ceux des opérations qui limitent leur action à la destruction sur place des foyers tuberculeux. Ils étaient, comme les anciens, tout en faveur de la conservation.

Les belles guérisons locales obtenues par les résections sous-périostées, leur excellent effet sur le rétablissement de la santé générale invitaient nettement à ne plus opposer, comme on s'était laissé aller à le faire, les inductions hâtives tirées des faits expérimentaux et de la démonstration anatomique de la nature tuberculeuse des tumeurs blanches, à la réalité positive des faits cliniques. Ollier insista avec force sur l'évidence de ces démonstrations qui établissent que le traitement chirurgical de la tuberculose ne peut être calqué sur celui du cancer.

Les faits du laboratoire et ceux de la clinique sont aujourd'hui d'accord. La vérité de la thèse soutenue par Ollier est affirmée par les résultats éloignés des résections articulaires. Sa pratique a particulièrement contribué à établir la très grande importance du rôle de la chirurgie conservatrice dans le traitement de la tuberculose. Elle fait vivre le tuberculeux en mettant l'organisme en état de résistance. La tuberculose n'est cependant pas entièrement supprimée, et pourtant la santé est reconquise. Elle peut être conservée comme chez plusieurs opérés d'Ollier, pendant un espace de temps qui se rapproche de la moyenne habituelle de la vie humaine.

Dans la discussion, comme dans l'action, au sein des Congrès et des Sociétés savantes, comme à l'Hôtel-Dieu de Lyon, Ollier resta fidèle aux principes de la méthode qui gouvernait son esprit et dirigea sa main; il sut toujours garder « la mesure ». Grâce à cette qualité maîtresse, l'opérateur entreprenant et hardi, l'expérimentateur passionné fut un chirurgien conservateur.

Sa pratique, déjà fort active avant les merveilleuses révélations de Pasteur, devint, dès lors, plus étendue et plus militante. Mais la possibilité d'obtenir, dans de très courts délais et avec une sécurité inespérée, les résultats immédiats les plus satisfaisants ne lui fit jamais perdre de vue la nécessité du contrôle des résultats éloignés. Il les prépara avec les mêmes soins et mit la même patience à les attendre. Il multiplia les interventions, élargit les indications des résections, fit entrer à nouveau dans la pratique plusieurs de celles qu'elle avait dû délaisser, mais il garda les mêmes exigences en fait de preuves. Il laissa venir à son heure la démonstration de la valeur thérapeutique des opérations conservatrices pratiquées sur le système osseux.

L'œuvre d'Ollier, scientifique dans son esprit, essentiellement pratique dans ses résultats, a réalisé des progrès considérables. Le temps a déjà consacré et continuera à démontrer son heureuse influence. Elle a renouvelé toute une partie de la physiologie et de la chirurgie, et donné la formule définitive de la réparation anatomique et fonctionnelle des membres.

La belle conception d'une thérapeutique opératoire qui assure la régénération des os et des articulations, a reçu la sanction des faits. Ce que la jeunesse d'Ollier avait rêvé devint réel avant qu'il n'ait atteint la vieillesse. Il a joui du bonheur bien rare d'avoir pleinement accompli l'effort auquel il employa sa vie. Ce fut sa seule ambition. Elle était assez haute pour qu'un homme de sa valeur et de son caractère n'en ait pas eu d'autre.

L'érection de la statue d'Ollier au voisinage de celle de Claude Bernard rappellera l'heureuse influence du physiologiste sur le chirurgien. Il a mérité ce suprême honneur en prouvant, par ses travaux, à quel point l'intervention chirurgicale se régularise et se perfectionne, combien elle accroît son pouvoir et devient bienfaisante quand elle est scientifique.

La ville de Lyon a le droit d'être fière du nouveau fleuron de sa belle couronne ; sa Faculté de médecine peut s'enorgueillir, tous les Français peuvent applaudir. La liste de vos souscripteurs montre que beaucoup de nations applaudissent avec nous. L'Académie des Sciences et l'Académie de Médecine sont heureuses de s'associer à ces hommages.

DISCOURS DE M. CHAUVEAU

Membre de l'Académie des Sciences et de l'Académie de Médecine

MESSIEURS,

C'est au nom de la Faculté de Médecine et des amis d'Ollier que je suis chargé de prendre la parole dans cette solennité consacrée à la glorification de notre illustre collègue, à l'expression de notre reconnaissance envers sa mémoire, pour les grands services que son œuvre a rendus à notre Université lyonnaise, à la ville de Lyon, à la France, à l'humanité tout entière.

Je ne m'imaginais pas en prenant la plume pour écrire mon allocution, que la tâche pourrait, à aucun moment, me sembler lourde et m'impressionner péniblement. Comment prévoir que l'amortissement du temps écoulé n'empêcherait pas de se réveiller avec une cruelle intensité le souvenir du coup qui m'a frappé, lorsque au cours d'un lointain voyage au centre de l'Europe, où je recueillais à chaque pas le témoignage de la profonde admiration des chirurgiens pour Ollier, un brutal télégramme m'apprenait qu'il venait d'être enlevé subitement à l'affection des siens et à celle de ses amis. La douleur alors éprouvée renaît un instant plus vive que jamais. Il me semble sentir de nouveau se rompre tout à coup les étroits liens qui nous avaient unis l'un à l'autre pendant le long espace de quarante années. Jamais ils n'avaient cessé de se resserrer de plus en plus à mesure que nous avancions dans la vie. En pensant qu'ils manquent au soutien de ma vieillesse, la larme m'en vient à l'œil, montant des profondeurs du cœur, où se réveille la foule des intimes et émotionnants souvenirs !

Séchons-la vite, cette larme, et qu'il n'en perle plus d'autres au bord de la paupière. Il faut être, aujourd'hui tout au triomphe de la chère mémoire. Que ma voix claironne donc et fasse sa partie sonore dans le concert des acclamations qui saluent Ollier entrant dans sa gloire, debout sur le socle majestueux où l'a si merveilleusement campé le grand artiste à qui nous devons ce beau monument.

Messieurs, jamais la Faculté de Médecine n'oubliera ce qu'elle doit à Ollier. Avant même qu'elle n'existât, elle lui était déjà prodigieusement redevable. Après sa création, Ollier l'a glorieusement servie. Disparu, il continue à répandre sur elle l'éclat de son grand nom.

Le temps est déjà loin — il commence même à être oublié — des ardentes campagnes menées pour la fondation de l'Université lyonnaise et la création, dans cette Université, d'une Faculté de Médecine. On a peine à croire, maintenant, que l'attention et l'opinion des administrateurs et des législateurs de notre pays passaient indifférentes à côté des immenses ressources d'enseignement accumulées dans les hôpitaux lyonnais et des hommes de haute valeur qui en dirigeaient les services.

Plusieurs cependant, dans le passé, tels que Gensoul et Amédée Bonnet, avaient acquis une réputation européenne. Leurs successeurs ne furent pas moins méritants. Aussi quand Paul Bert eut à faire valoir, devant l'Assemblée nationale, les titres qui désignaient Lyon comme siège d'une Faculté de Médecine, il ne fut pas embarrassé de citer des noms de contemporains dont les travaux marquaient particulièrement dans la science. Sous la plume de Paul Bert, le nom d'Ollier vint se placer tout naturellement en vedette. Ce fut un des arguments qui pesèrent du plus grand poids pour enlever les suffrages du Parlement. Et c'est ainsi que je pouvais dire tout à l'heure qu'avant même d'être née, la Faculté de Médecine comptait Ollier au nombre de ses plus grands bienfaiteurs !

La voilà créée, cette Faculté tant souhaitée ! Ollier s'installe dans son service de clinique. Alors, commence la longue et brillante série de ces enseignements pratiques qui ont tant contribué au renom de la Faculté de Médecine. Pourquoi vous en parlerais-je ? Parmi ceux qui ont profité de ces cliniques, il en est qui prendront la parole tout à l'heure. Ces élèves d'Ollier sont autrement qualifiés que moi pour applaudir à la fécondité des magistrales leçons qu'ils ont entendues et pour rappeler le lustre qu'elles ont jeté sur la Faculté de Médecine et l'Université tout entière.

En plaçant Ollier dans l'attitude professorale au milieu de la belle place qui porte son nom, en vue de l'Hôtel-Dieu, théâtre de ses leçons et de ses travaux, à côté des édifices universitaires, nous avons voulu affirmer particulièrement la reconnaissance que nous devons à Ollier, professeur de l'Université lyonnaise. Et puis, nous en faisons ainsi le protecteur perpétuel de cette Université : un protecteur dont nos arrière-neveux s'enorgueilliront autant que nous et qu'ils montreront fièrement aux étrangers !

Messieurs, ce n'est pas seulement par la haute valeur de ses travaux et de son enseignement qu'Ollier a bien mérité de la Faculté de Médecine. Il faut citer encore le désintéressement et le zèle avec lesquels il mettait à son service la grande autorité qu'il avait su conquérir dans tous les mondes, la bienveillance de son jugement si sûr, si éclairé, quand il intervenait dans la discussion des intérêts de la Faculté, le dévouement et la rare tolérance qu'il apportait dans ses rapports avec les jeunes qui avaient été ses élèves et qui, de par leur mérite étaient devenus ou allaient devenir ses pairs dans l'enseignement. Il se fit beaucoup d'amis parmi eux, et les préférés ne furent pas toujours ceux qui étaient le plus près des préférences philosophiques de la pensée du maître.

C'est que son caractère était empreint de la plus haute impartialité et se manifestait souvent avec une véritable grandeur! Il n'a pas été donné à tout le monde d'en prendre la mesure. C'est seulement dans l'intimité du foyer domestique, du cercle étroit des amis de la première heure que se révèlent l'admirable délicatesse et la générosité de ses sentiments. Ne soulevons aucun coin du voile sous lequel ils se sont noblement épanouis. Il y a des fleurs dont le riche coloris s'altère quand elles sont transportées hors de la serre où elles ont été cultivées!

Ollier fut un ami précieux, toujours de bon conseil, Son commerce était d'une grande sûreté; son obligeance proverbiale. A ceux qui eurent la bonne fortune de jouir de cette amitié, il ne demanda jamais quelle était leur opinion politique. Ils appartenaient à tous les partis, même à celui du régime sous lequel nous vivions à nos débuts dans la vie et qui n'était guère favorable à l'expansion libre de la pensée. Tous étaient aussi sûrs qu'Ollier lui-même. Réunis autour de lui, ils ne formaient qu'une phalange où l'entente ne cessa jamais de régner.

Quelle belle allure prenaient les discussions entre ces gens à tendances différentes, habitués à se respecter les uns les autres ! Il est vrai que ces amitiés se nouaient à une époque — celle de notre jeunesse — où la diversité des opinions indépendantes se fondait dans une commune atmosphère d'aspirations libérales qui, ne pouvant se répandre librement au dehors, étaient obligées de se concentrer dans les épanchements des réunions intimes. Comme la pensée, — la pensée jeune et vigoureuse, — était saine alors et combien le souvenir en est réconfortant à ma vieillesse !

Ollier, à peine nommé chirurgien de l'Hôtel-Dieu, aimait à nous réunir, un jour par semaine, dans son appartement de la place de la Charité. J'y vois encore ensemble, à notre première soirée, Frédéric Morin, Leroyer, Buy, l'économiste, les trois Tisseur, pour ne citer que les morts. Les survivants sont plus ou moins dispersés. Sont-ils, comme aux temps héroïques de la jeunesse, restés fidèles à leurs sentiments libéraux ? Il en est sûrement qui mourront dans l'impénitence finale.

La situation d'Ollier grandissait. Des fidèles amis qui l'entouraient, ceux qui s'intéressèrent le plus à l'accroissement de sa réputation scientifique furent naturellement les amis qui appartenaient au monde de la science, de la chirurgie ou de la médecine, tant à Lyon qu'à Paris ou même hors de France. Ils eurent le malheur de ne pouvoir lui éviter un pénible froissement. Ollier crut un jour que les services qu'il avait rendu à la science étaient assez grands pour lui ouvrir les portes de l'Institut, à un autre titre que celui de correspondant, sans qu'on lui imposât rigoureusement la résidence à Paris. On ne lui cacha pas qu'en raison des positions déjà prises, le succès n'était rien moins que certain. Il persista pourtant. Cette insistance est la seule faiblesse que je lui ai connue. Mais ce n'est pas à l'Académie des Sciences à la lui reprocher. Ne représente-t-elle pas, en effet, cette faiblesse, un hommage du plus haut prix rendu au corps de l'Institut de France ? Ollier pouvait invoquer en sa faveur ses travaux de physiologie aussi bien que son œuvre chirurgicale. La haute supériorité de ces doubles titres était indéniable. Elle ne réussit pas à lui assurer la majorité.

Cet échec survenait quand Ollier était dans tout l'éclat de sa renommée. Il lui fut d'autant plus sensible que, bien longtemps auparavant, il serait entré sans compétition, pour ainsi dire, à l'Académie des Sciences, s'il avait voulu poser sa candidature dans les conditions imposées par le Règlement.

La blessure d'Ollier ne se ferma pas de suite et ce fut là un grand chagrin pour ses amis. Mais une éclatante réparation lui était heureusement réservée. A quelque temps de là, l'Académie de chirurgie de Berlin s'installait dans le beau local qu'elle occupe aujourd'hui. Quatre grands médaillons avaient été réservés pour recevoir les portraits des quatre plus grands représentants de la chirurgie contemporaine... Celui d'Ollier y voisine à côté de l'effigie de Lister !

C'était un exceptionnel et éclatant hommage rendu par la chirurgie allemande à la chirurgie française ! Et nous en étions redevables à Ollier ! Rendons-lui cette justice : dans sa sérénité reconquise, il n'a jamais songé un seul instant à s'en prévaloir auprès de ceux qui, dans son pays, n'avaient pas été tout à fait justes envers lui.

Messieurs, parmi les amis de la première heure, il en est qui furent particulièrement les obligés d'Ollier. Ce sont ceux dont l'esprit était rattaché au sien par le plus grand nombre de points de contact. J'ai nommé les biologistes. Au temps de ma jeunesse, même dans une grande ville comme Lyon, les travailleurs qu'attiraient les études de physiologie étant singulièrement exposés à penser et à parler dans le désert et dans le vide. L'exemple et les encouragements d'Ollier furent pour eux un singulier réconfort. Avec lui, ils ne se sentaient pas perdus dans l'isolement. Leur voix ne restait plus sans écho. Sur les sentiers si peu fréquentés de la science physiologique, ils entendaient résonner fermement d'autres pas que les leurs.

La physiologie expérimentale a donc contracté une dette spéciale de gratitude envers Ollier. Elle manquerait à tout ce qu'elle lui doit si, maintenant, elle ne parlait pas en son nom, pour célébrer les mérites de l'œuvre physiologique d'Ollier.

Messieurs, aujourd'hui, grâce aux magnifiques conquêtes de Pasteur dans le domaine de la pathologie des maladies infectieuses, l'expérimentation physiologique appliquée au progrès de la médecine est en grande faveur. Il n'en était pas de même, il y a quarante et des années, quand Ollier a commencé les recherches expérimentales qui devaient l'amener à renouveler l'une des plus importantes branches de la thérapeutique chirurgicale. Je ne saurais oublier l'hostilité dédaigneuse avec laquelle étaient alors accueillies les tentatives des jeunes médecins ou chirurgiens séduits par l'enseignement de Claude Bernard. Ceux qui pensaient avec lui qu'il n'y a pas deux physiologies, l'une pour l'état normal, l'autre pour l'état pathologique; ceux, surtout, qui proclamaient, comme lui, que la médecine scientifique doit avoir pour base la physiologie expérimentale, n'avaient pas à cette époque la vie facile. Ollier s'en aperçut bien. Il y aurait ingratitude à oublier aujourd'hui combien ont été méritants ses efforts pour montrer par des acquisitions scientifiques nouvelles le parti que la chirurgie peut tirer de la physiologie.

Pendant bien des années, Ollier qui n'était rien, ni

dans les Ecoles, ni dans les hôpitaux, n'eut à sa disposition que des moyens de travail singulièrement réduits. Cela ne l'empêcha pas d'obtenir vite les applaudissements des physiologistes autorisés de l'époque, en attendant ceux des chirurgiens.

Et ces physiologistes n'étaient, chez nous, rien moins que Milne Edwards, Claude Bernard, Brown-Séquard.

Celui-ci fut un des plus empressés et des plus chaleureux dans ses témoignages de satisfaction. C'est son organe de publicité, le *Journal de la physiologie de l'homme et des animaux*, qui donne asile aux premiers travaux d'Ollier. De là date l'inaltérable amitié que Brown-Séquard avait vouée à la personne d'Ollier et l'estime enthousiaste qu'il n'a cessé de professer pour son œuvre.

Cette œuvre physiologique — j'ai à le rappeler, moi aussi — a eu surtout pour objet l'ostéomorphogénèse, l'un des plus vaste départements de la grande fonction qui préside à la formation, à l'accroissement, à l'entretien des systèmes histologiques de l'économie animale.

C'est plus spécialement le périoste qui fait le sujet des recherches expérimentales d'Ollier. Dans le passé, l'étude du rôle de cette membrane avait constitué le principal titre scientifique de deux célèbres académiciens, Duhamel et Flourens. Dans le temps présent, il a fondé la réputation d'Ollier.

Innombrables et extrèmement variées sont les expériences qu'il a poursuivies pendant dix ans pour fixer la science physiologique sur tous les points controversés, obscurs, inconnus encore, que présentait ce sujet.

Comme j'aurais plaisir à faire ici l'énumération de ces expériences, moi qui les ai vues toutes se dérouler sous mes yeux ! A peine en pourrais-je citer quelques-unes.

Celle qui mérite d'être présentée la première, c'est l'expérience vraiment géniale de la transplantation du périoste.

Enlevé et implanté loin des organes squelettiques dont il fait partie, loin des parties molles qui l'entourent normalement, le périoste se greffe et fait de l'os : non pas du simple tissu osseux, mais un organe véritable, un os, avec ses éléments anatomiques fondamentaux, ses canalicules de Havers, sa moelle, son canal médullaire, son périoste même !

Certes, il y avait, dans cette belle expérience de la transplantation du périoste, une magnifique démonstration venant s'ajouter à celles qui existaient déjà en faveur de la fonction ostéogénique de cette membrane. Mais combien au-delà de cette fonction spéciale s'étend l'importance de l'expérience d'Ollier !

Elle tient dans la physiologie générale des tissus une place considérable. Jamais on n'avait mieux mis en évidence, chez les animaux supérieurs, l'autonomie du pouvoir créateur et directeur de la cellule vivante, sa puissante énergie latente !

Paul Bert, dans son étude sur la greffe animale, ne marchande pas ses éloges à cette remarquable démonstration d'Ollier et à sa grande portée. De fait, il y a là une greffe véritable, dont Ollier étudie avec la plus grande sagacité, la signification, au point de vue de l'ostéomorphogénèse, dans une multitude d'expériences comparatives, qu'on peut donner comme un modèle de l'art de se contrôler soi-même.

Par exemple, il a voulu savoir à quels éléments du périoste appartient la propriété de faire de l'os. Est-ce à la couche externe de la membrane ? Est-ce aux cellules de la couche interne ? Même avant d'avoir appris de notre confrère Ranvier la véritable nature de cette couche interne et le mécanisme de son processus évolutif, Ollier démontrait que c'est elle qui est l'agent de l'ostéogénèse.

Ses procédés de démonstration sont aussi nets qu'élégants.

D'abord, il prive de cette couche profonde une partie du lambeau de périoste qu'il déplace, et la membrane transplantée ne s'ossifie que dans les points où elle est encore revêtue de sa couche interne.

Ollier va plus loin encore. Il transplante isolément les éléments de la couche profonde enlevée par raclage sur un lambeau périostique. Et il obtient de véritables grains osseux, petits sans doute, en outre peu stables, mais tout de même absolument démonstratifs de la propriété ostéogénique des éléments transplantés. Le rôle de la couche profonde du périoste, c'est-à-dire de la moelle sous-périostique de Ranvier, se trouve ainsi établi d'une manière définitive.

Cette belle étude de l'ostéogénèse par la méthode des transplantations a pris des années à son auteur. Je n'en connais pas de plus laborieuse. Elle compte dans la science, et c'est justice, au nombre des plus fécondes et des plus utiles de la physiologie expérimentale contemporaine.

Je ne parlerai pas, Messieurs, du contrôle qu'Ollier a fait des expériences de Heine et de Flourens sur la résection sous-périostée des os, pratiquée partiellement ou en totalité. Le musée d'Ollier est là pour témoigner de la richesse et de l'intérêt des documents qu'il a accumulés sur cette question. Bornons-nous à ce qui est vraiment original dans ses recherches sur les résections avec conservation du périoste.

Ce qui appartient bien en propre à Ollier dans ce domaine, c'est la démonstration expérimentale des magnifiques reconstitutions articulaires qu'on peut obtenir par la méthode des résections sous-capsulo périostées.

Quant Ollier entreprit cette nouvelle étude, les sceptiques ne lui cachèrent pas le peu de confiance qu'ils avaient dans le succès qu'on en pouvait attendre. Heine, comme Chaussier, avait complètement échoué dans ses tentatives. Or, Heine était un expérimentateur imbu de la nécessité de la conservation du périoste. Il avait dû, pensait-on, opérer d'une manière irréprochable. Ce n'était pas l'opinion d'Ollier. Soutenu par l'idée directrice qui le dominait entièrement depuis qu'il avait constaté les splendides résultats de ses transplantations périostiques, Ollier ne doutait pas qu'il ne pût tout faire reproduire dans les articulations réséquées d'après sa méthode et ses procédés, — tous, sauf, bien entendu, les parties non recouvertes par le périoste.

Il se mit donc résolument à l'œuvre. Bientôt, il nous présentait des chiens, des chats sur lesquels avait été pratiquée la résection sous-capsulo-périostée des articulations du coude, du genou, de l'épaule, etc. Ce fut, parmi nous, un concert d'exclamations laudatives. Pas un des sujets mis sous nos yeux ne laissait soupçonner que son articulation enlevée ne fut pas en très bonne voie de reconstitution ! Les extrémités osseuses reproduites, étaient mobiles l'une sur l'autre et les sujets avaient retrouvé presque tous leurs mouvements et récupéré, d'une manière plus ou moins parfaite, l'usage des membres opérés.

Mais le rétablissemment de la fonction locomotrice n'impliquait pas nécessairement le rétablissement intégral des organes qui l'exécutent. Il pouvait y avoir, dans les cas en question, des suppléances musculaires, des adaptations nouvelles des organes locomoteurs non touchés par l'opération. L'autopsie pouvait renseigner seule sur ce qui s'était passé.

J'eus le très grand plaisir et l'insigne honneur de disséquer moi-même la première néarthose reconstituée après résection sous-capsulo-périostée. C'était sur un jeune chien auquel Ollier avait enlevé le coude. Je ne dissimulai point l'étonnement admiratif que j'éprouvai en retrouvant non seulement les os reproduits, sinon dans leurs dimensions, au moins dans leur forme, avec les saillies et les dépressions de l'état normal, mais encore toutes les insertions musculaires telles qu'elles existaient avant l'opération sur les os enlevés.

Alors — et alors seulement — le rôle du système périostéo-capsulaire se révélait dans toute son importance, au point de vue physiologique. Ce système ne se borne pas à fournir la matière osseuse ; il sait l'utiliser de manière à tenir entièrement sous sa dépendance la morphogénèse du squelette et de ses articulations ! N'est-ce pas là une contribution d'une haute portée, dont grâce à Ollier, s'enrichit la physiologie générale ?

En signalant cette partie importante de l'œuvre d'Ollier, j'eutends justifier — et justifier largement — l'espoir qu'ont eu quelques-uns de ses amis de le voir entrer à l'Académie des Sciences en qualité de physiologiste. Combien est plus justifiée encore, par les applications qu'il sut faire à la chirurgie de la méthode sous-capsulo-périostée, la prétention qu'Ollier eut lui-même de pénétrer à l'Institut comme chirurgien !

Cette méthode sous-capsulo-périostée, créée de toutes pièces par le génie expérimental qui animait l'esprit d'Ollier, fut bientôt utilisée en clinique et les circonstances ont voulu que les physiologistes témoins des expériences d'Ollier, *in anima vili*, devinssent aussi ceux des admirables résultats que le chirurgien d'armée est en état de tirer du rôle morphogénique de la gaine périostéo-capsulaire des diarthroses.

Ollier, avec quelques chirurgiens de ses amis, dont Verneuil, avait déjà fait voir que la réparation des résections articulaires s'opère très bien, dans les cas de maladies chroniques, qui ont notablement modifié l'état anatomique, peut-être aussi les propriétés de la gaine capsulo-périostique. Il restait à démontrer qu'il en est de même dans les résections nécessitées par des lésions traumatiques d'origine récente.

Les résultats obtenus en Amérique pendant la guerre de Sécession, ceux que les chirurgiens danois et allemands avaient pu constater dans la deuxième guerre des Duchés et la campagne de Sadowa, étaient loin d'être satisfaisants. En effet, les procédés opératoires employés alors n'étaient pas à l'abri de tout reproche. La guerre de 1870-1871 fournit une triste occasion de savoir à quoi s'en tenir sur ce point important. Ollier, chef de la première ambulance lyonnaise, devenue ambulance du quartier général du 20e corps d'armée, n'eut que trop souvent, hélas! à appliquer ses procédés personnels à la résection de diverses articulations, principalement celle du coude. Disons-le de suite, les résultats furent des plus remarquables. Grâce à Viennois, le fidèle et si dévoué compagnon de la vie familiale et de la vie professionnelle d'Ollier, tous les opérés de la campagne furent retrouvés après la guerre; l'un d'eux était privé d'un de ses membres supérieurs, sur lequel Ollier avait pratiqué une résection du coude. Un chirurgien allemand, entre les mains de qui tomba ensuite ce blessé, ne s'était pas rendu compte de l'opération exécutée antérieurement; il avait cru devoir amputer le bras au lieu d'élection, purement et simplement. Les autres opérés, plus heureux, purent se réjouir de n'avoir pas fait la même rencontre. Tous, ou à peu près tous, passèrent ici plus tard sous nos yeux, et nous pûmes nous convaincre, en voyant de quelle manière ils se servaient des membres opérés, de l'immense bénéfice qu'ils avaient retiré de l'application des études scientifiques d'Ollier à la chirurgie conservatrice.

Je ne vous dirai pas au prix de quels efforts, de quelle fatigue écrasante Ollier réussit à atteindre son but dans cette dure campagne. C'est surtout aux chirurgiens d'armée que s'applique le *Væ victis !* de notre ancêtre Brennus. Nous sommes ici plusieurs qui avons été les témoins de la ténacité, de l'énergie, du sang-froid, du dévouement qu'Ollier a déployés pour faire de la chirurgie conservatrice, au milieu des affres de la défaite, du désordre des reculs continuels qui laissaient dans les lignes ennemies, les malades, les blessés, les médecins, les chirurgiens traitants, parfois même le matériel des ambulances !

Oui, c'est au milieu de ces déplorables et dramatiques conditions qu'Ollier a su poser les lois de l'intervention chirurgicale dans les lésions articulaires causées par les armes à feu ! Une belle conquête humanitaire faite sur les champs de bataille ! Une grande victoire française remportée pendant les plus dures épreuves qu'aient eu à subir les armées de la France !

Et nous les devons à Ollier, cette conquête et cette victoire ! Honneur à lui, qui procure aux siens, à ses amis, à ses concitoyens, à tous les Français ce grand et légitime orgueil !

Ollier est bien placé ici sur son piédestal dominateur. Il s'y dresse plus grand que les soldats heureux à qui la reconnaissance de leur pays a élevé de splendides monuments. Plus favorisé que ces triomphateurs, Ollier n'appellera pas seulement l'admiration des enfants de la France, sa patrie. Il sera aussi admiré par ceux de toutes les autres nations. Ne jouissent-elles pas, au même titre que nous, du fruit de sa pacifique et féconde conquête ?

DISCOURS DU Docteur Eugène VINCENT (1)

Président de l'Académie des Sciences,

Belles-Lettres et Arts de Lyon

Messieurs,

Deux lustres se sont écoulés depuis l'événement tragique dont notre ville fut le théâtre épouvanté. Quel douloureux spectacle, il vous en souvient et vous en frémissez encore, que celui de ce lugubre face-à-face du Président Carnot mourant sous le fer aveugle d'un fanatique en démence et du grand chirurgien qui, malgré son dévouement, dut se résigner à reconnaître, avec une poignante angoisse, que la puissance de son art ne pouvait être, en cette horrible conjoncture, à la hauteur de son amitié et de sa volonté ! Lui, qui avait sauvé tant de malades désespérés, tant de blessés à l'hôpital ou sur les champs de bataille, il ne pouvait rien, absolument rien, contre la plus terrible et la plus imprévue des applications de cette loi inéluctable qui courbe sous son

---

(1) Le comité est heureux de remercier ici M. le Docteur Eugène Vincent qui a bien voulu mettre à sa disposition les clichés qui ornent cette brochure. Signalons à ce propos les diverses notices du Docteur Vincent sur le Professeur Ollier : *Eloge et Biographie du Professeur Léopold Ollier*, (Société de Médecine), 1902 ; *Le Professeur Ollier*, gr. in-4°, 200 p., 1901, contenant un résumé de l'œuvre chirurgicale d'Ollier ; *Discours prononcé à l'Académie de Lyon* (avec de nombreux clichés) 1906.

joug d'airain l'humanité entière ; grands et petits, riches et pauvres, l'enfance et la vieillesse, les savants et les ignorants. La lutte contre l'impossible, lutte qu'avait tentée déjà M. le docteur Poncet (1) arrivé avant lui au chevet du blessé, s'acheva dans la consommation du sacrifice si noblement accepté par celui qui en était la victime patriotique... et Lyon tomba brusquement des joies d'une fête, où tous les cœurs avaient battu à l'unisson, dans la consternation la plus profonde. Toutes les âmes françaises furent plongées dans le deuil et la stupeur. Sur le cercueil du Président Carnot, la concentration des regrets fut unanime ; autour de sa tombe, il n'y eut qu'une France en larmes. Hélas ! ce deuil national devait avoir, six ans plus tard, un cruel lendemain, moins sanglant, grâce à Dieu, mais également imprévu par sa soudaineté, en la personne de celui qui n'avait pu que consoler et pleurer le sympathique chef de l'Etat frappé sans merci dans l'exercice de son haut magistère.

A ces jours de ténèbres dont j'évoque le souvenir historique, devaient succéder des jours de triomphe ; c'était justice.

Ces deux hommes illustres ne pouvaient entrer dans l'empyrée des grands hommes sans que la nation reconnaissante essayât d'ajouter un rayon terrestre à leur gloire. Elle l'a tenté, à Lyon même, sous la forme des deux monuments commémoratifs qui se dressent aujourd'hui sur l'une et l'autre rive de notre fleuve magnifique dont les ondes abondantes et pures sont comme le symbole de leur vie : l'un, élevé au Président Carnot, martyr du pouvoir, l'autre, au professeur Ollier, homme de dévouement et de science !

(2) M. le professeur Antonin Poncet n'avait pas hésité à pratiquer une laparotomie, la seule opération qui eût pu sauver le Président, si la blessure n'avait été fatalement mortelle (Voir *Lyon Médical*, 1894).

Les artistes ont donné à leur statue le geste de l'enseignement ; ils ont été bien inspirés. Car, en vérité, ils remplirent un apostolat civique, et leur vie même ne fut-elle pas un enseignement du travail, du devoir et du progrès, sous l'égide de la sagesse conservatrice ? Et ne peut-on pas dire, en toute équité, que si l'un fut le protagoniste du régime conservateur de la conciliation en politique, l'autre fut le maître et le docteur de la chirurgie conservatrice, « deux beaux mots qui représentent tout un programme social », ainsi que nous l'écrivait M. Paul Bourget.

Ils furent à la peine ; il convenait qu'ils fussent à l'honneur pour satisfaire la justice immanente qui est le fondement de l'ordre universel.

Nous avons exposé dans des écrits antérieurs les merveilles accomplies par la chirurgie conservatrice d'Ollier. Nous n'y reviendrons pas. Son œuvre se défendra elle-même, elle demeurera debout sur les assises inébranlables de l'expérimentation bien conduite et des faits bien observés.

Il reste acquis à l'histoire qu'Ollier créa, presque de toutes pièces, la physiologie du périoste et qu'il sut tirer de ses propriétés ostéogéniques les applications les plus heureuses à la chirurgie humaine.

Je ne sais si l'avenir réserve des attaques contre l'œuvre d'Ollier ; mais, d'avance, je lui applique avec certitude la devise du *fluctuat nec mergitur*. Si quelque nuage s'élevait un jour pour l'obscurcir, ce nuage ne tarderait pas à se dissiper ; car le soleil finit toujours par percer les nues et par inonder le monde de ses irradiations bienfaisantes. La vérité ne meurt pas, l'empire des intelligences lui appartient tôt ou tard ; cette espérance certaine console et soutient ceux qui peinent et qui souffrent pour elle.

Je n'entreprendrai pas de refaire, en cette mémorable

circonstance, la synthèse des travaux d'Ollier sur la *Régénération des os*, sur les *Résections* et les multiples opérations conservatrices qui se peuvent pratiquer sur le système osseux. — Si je me tais, ce n'est point par lassitude d'un écrivain qui croit avoir épuisé son sujet ou qui recule devant la même tâche, par crainte de se répéter. On ne se lasse point de louer, quand on n'a pas cessé d'estimer et l'on ne peut épuiser l'admiration, lorsqu'on a creusé l'étude des ouvrages du chirurgien lyonnais. Des livres d'Ollier on peut dire aussi ce que le critique Armand de Pontmartin a dit des livres de Ferdinand Brunetière : ce sont des « greniers d'idées ».

Il est bon que d'autres parlent à leur tour.

Son collègue à l'Hôtel-Dieu et à la Faculté, son émule dans les concours, son collaborateur souvent, son ami fidèle de toutes les heures, le professeur Alphonse Gayet, qui lui avait succédé au Majorat de l'Hôtel-Dieu, devait prendre la parole en cette grande solennité. Hélas ! la mort vient de le ravir brutalement à la tendresse des siens, à la sympathie de ses amis, à la gratitude de ses malades ! Il n'a pu voir l'exaltation de son collègue, dont la gloire lui était chère, il n'a pu prononcer son éloge.

Cet homme de dévouement aussi, ce chercheur de perfectionnements professionnels, ce chirurgien passionné pour son art, animé d'un zèle égal pour la science et pour la charité hospitalière, ce maître au caractère plein de franchise et de loyauté aurait parlé de l'Œuvre d'Ollier, qu'il connaissait mieux que personne, avec une autorité, avec un esprit de justice et d'impartialité qui eussent servi mieux que nos discours la bonne cause de la science et de l'humanité. Elève de ces deux excellents maîtres, nous unissons dans un même pieux souvenir les noms de Gayet et d'Ollier, qui furent deux chirurgiens remarquables de l'Hôtel-Dieu et qui contribuèrent à la fondation et à la brillante évolution de notre Faculté de médecine. Hommes de bien et de science, ils ont droit à tous nos regrets et à notre inaltérable vénération.

Je n'essaierai pas, Messieurs, de remplacer le professeur Gayet ; je m'enfermerai volontairement dans mon rôle, rôle bien au-dessus de mes forces déjà, qui est surtout de parler, en cette fête de la science glorifiée, au nom des sociétés savantes, dont le professeur L. Ollier faisait partie à Lyon.

Le premier rang, dans cette énumération, appartient, par droit de naissance, à l'Académie des Sciences, Belles-Lettres et Arts de uotre ville.

Le professeur Ollier en était membre depuis 1876, dans la section de médecine, mais il ne put y entrer activement que bien plus tard, en 1897, lorsque l'achèvement de ses importants ouvrages sur les *Résections* lui eut accordé quelques rares loisirs. Il était « assez « grand pour se passer de vanité » a dit, avec autant de tact que de raison, notre éminent collègue M. Beaune. Ce n'était point, en effet, l'ambition d'effectuer une entrée pompeuse, sensationnelle, le front ceint de lauriers et la tête parée d'une auréole, qui l'avait tenu éloigné si longtemps de nos séances ; le temps seul lui avait manqué jusque-là pour devenir un membre assidu. C'est, en effet, à cette période de sa vie que correspond son labeur le plus acharné et le plus fécond en découvertes physiologiques sur les propriétés ostéogéniques du périoste, en applications ingénieuses des données de la thoérie à la *Régénération des os* sur le terrain de la pathologie humaine, à la guérison des maladies des os et spécialement à la guérison et à la reconstitution des articulations malades par la *résection sous-périostée* systématiquement pratiquée et *suivie* d'un *traitement post-opératoire méthodique*, d'une surveillance continuée durant des années, avec une patience que nul n'avait encore poussée aussi loin. Quel est, je le demande, le chirurgien qui, avant lui, a eu la persévérante énergie de suivre ses opérés, dix ans, vingt ans, trente ans, pour se rendre compte de la persistance d'un résultat opératoire et de la valeur réelle d'une conception, d'une méthode, sous l'épreuve redoutable du temps, ce temps destructeur qui ménage si souvent d'amères déceptions aux plus belles prévisions de la théorie ? Ollier eut le rare bonheur de constater que cette épreuve lui avait été favorable ; il en put établir la démonstration vivante en faisant défiler ses anciens opérés devant les chirurgiens émerveillés du Congrès qui les avait réunis autour de lui, à Lyon, en 1894.

L'œuvre colossale d'Ollier sera rappelée par ce bronze magnifique aux générations futures ; elle peut, plus résistante que le granit et l'airain, traverser les âges sans recevoir de sérieuses atteintes.

Le temps n'effacera pas d'avantage les deux titres qui me semblent appartenir sans conteste au maître, que nous glorifions, titres qui l'immortaliseront, en synthétisant sous une formule concise et classique son labeur opiniâtre et fécond, titres que je voudrais voir gravés sur le socle du monument si justement élevé à sa mémoire par l'admiration du monde entier : *Promoteur des résections sous-périostées, il fut l'apôtre de la chirurgie osseuse conservatrice et le chirurgien des résultats définitifs.*

Sa grande notoriété le désignait à la présidence de l'Académie ; il fut appelé à cet honneur en 1897. C'est alors qu'il y montra la suggestive collection des radiographies de ses anciens opérés, moyen nouveau de diagnostic et de contrôle qui rendait visibles, aux yeux des plus profanes, les faits indéniables de régénération osseuse et de reconstitution des articulations suivant leur type normal, qu'il avait annoncés et obtenus.

En 1900, au mois de juin, il présenta à l'Académie des *documents nouveaux sur les résultats éloignés de la résection sous-périostée du coude*. Le principal d'entre eux était fourni par l'autopsie d'un réséqué mort vingt-huit ans et demi après son opération, opération qui lui avait procuré une articulation du coude admirablement reconstituée et dont il avait retiré l'emploi le plus utile durant toute sa vie de manouvrier des champs.

Cette communication ne fut pas, cependant, le principal tribut de son activité d'académicien. En 1900, il avait, depuis deux ans terminé ses fonctions présidentielles. Or, en cette année, qui devait être la dernière pour lui, l'Académie avait à organiser les solennités commémoratives de son deuxième centenaire. A l'unanimité, l'Académie (1), dérogeant à ses traditions, le prorogea à la Présidence comme étant celui de ses membres qui, seul, pût porter allègrement un aussi pesant fardeau et soutenir un aussi périlleux honneur. On s'est plu à reconnaître la prudence, la dextérité, la délicatesse avec laquelle il prépara les fêtes du Centenaire, la courtoisie, le tact, la dignité avec lesquels il les dirigea, la magnificence de ses réceptions et la haute distinction avec laquelle il accueillit les hommes illustres que sa personnalité éminente avait attirés de Paris et d'ailleurs à ces fêtes inoubliables, pour en rehausser l'éclat et l'importance.

Son discours magistral consacré aux gloires passées de l'Académie et à son avenir plein d'espérances mit le comble à cette manifestation irrécusable de l'intérêt qu'il lui portait. Il aimait réellement l'Académie, où il avait trouvé avec l'esprit scientifique l'amour du beau langage, la courtoisie des rapports et la distinction, choses exquises dont sa nature fut toujours éprise. La

---

(1) Il fut renommé Président le 5 décembre 1899.

nature ne l'avait-elle pas créé distingué académicien, dirai-je, d'instinct et d'allures ?

La sympathie pleine de respect qu'il rencontrait chez tous ses collègues, la sérénité pacifiante des séances où l'on disserte sur les sujets les plus variés en termes choisis et sur le ton discret de la bonne compagnie, entre belligérants de la vie qui, ne pouvant plus faire campagne, veulent occuper leur retraite à s'instruire et se dévouer encore, lui firent désirer ardemment qu'on appelât à en jouir un plus grand nombre des notabilités scientifiques, artistiques ou littéraires que notre laborieuse cité renferme. L'ampleur de ses pensées ne put faire éclater les barrières d'un règlement qu'on voulait infrangible.

Son zèle pour l'Académie, les services exceptionnels qu'il lui a rendus et que je viens de rappeler brièvement nous faisaient un devoir d'apporter notre tribut d'admiration dans le concert d'éloges mérités qui accompagne l'inauguration solennelle du monument élevé au professeur L. Ollier, qui fut deux fois son président. C'est à ces titres que j'ai l'insigne honneur de rendre à ce grand chirurgien l'hommage public du souvenir et de la gratitude de notre Compagnie, qui sera toujours fière de l'avoir compté parmi ses membres.

A cet hommage de l'Académie, j'ai la très honorable mission de joindre celui des autres Sociétés savantes de notre cité :

De la *Société Nationale de Médecine*, de la *Société des Sciences médicales* et de la *Société de Chirurgie de Lyon*.

D'autres plus éloquents vous rappelleront le rôle capital qu'il joua dans les Sociétés et Congrès hors de notre ville, rôle d'initiateur, d'organisateur et de tributaire toujours prêt à puiser dans le trésor de son expérience et de ses connaissances illimitées.

L'Académie de médecine, la Société de chirurgie de Paris, les Congrès internationaux de médecine, les Congrès pour l'avancement des sciences, les Congrès français de chirurgie n'eurent pas de membre plus zélé et il les présida tous avec une dignité incomparable.

D'autres vous rappelleront les honneurs que la France et l'Europe, que l'Ancien et le Nouveau-Monde lui décernèrent à l'envi; on vous dira qu'il fut sollicité de donner son portrait au musée de l'Académie de Berlin, pour y représenter la Chirurgie française.

On vous énumérera les titres et les distinctions honorifiques de l'auteur du *Traité de la régénération des os* et du *Traité des résections*; on vous dira qu'il fut : commandeur de la Légion d'honneur, commandeur de la Rose et de l'Etoile du Brésil, commandeur de l'ordre du Christ de Portugal, commandeur de l'ordre ottoman de l'Osmanié, membre correspondant de l'Institut, membre de l'Académie des sciences, associé national de l'Académie de médecine, membre de la Société de chirurgie et de biologie de Paris, docteur en droit honoraire de l'Université d'Edimbourg, membre du Collège royal de chirurgie d'Angleterre, membre des Académies de Berlin, Vienne, Moscou, Saint-Pétersbourg, Washington, Bruxelles, Copenhague, Buenos-Ayres, Rio-Janeiro, Naples, Bologne, Turin, Rome, Bucharest, etc., etc.

Je n'ai dessein et mission que de vous parler au nom de nos Sociétés locales.

Il était membre de la *Société nationale de médecine* depuis 1861 ; il en fut président de 1883 à 1885.

L'un des fondateurs de la *Société des sciences médicales* en 1862, il en fut le président en 1863.

Il fut le fondateur et le premier président de la *Société de chirurgie de Lyon*, laquelle fit ses débuts sur la scène du monde, le 17 juin 1897, à l'Hôtel-Dieu, dans la salle « Pasteur », local magnifique et confortable, que nos

Sociétés doivent à la libéralité de l'Administration des Hospices civils de Lyon.

Nous n'avons pas la pensée de faire l'histoire de ces Sociétés ; nous courons déjà le plus grand danger de fatiguer votre attention en nous limitant au simple énoncé des plus importantes parmi les communications innombrables qu'il y fit durant quarante années de travail et d'étude. Ces communications incessantes sont comme les pierres préparées, taillées une à une en vue de l'édification du majestueux monument qui devait être plus tard les *grands traités* consacrés à la chirurgie du périoste et des os.

Vouloir les résumer serait une entreprise à tout le moins inopportune en ce moment.

Contentons-nous d'esquisser une vue d'ensemble.

Nous avons étudié ailleurs son œuvre scientifique, son œuvre oratoire et hospitalière et son rôle professoral ; nous avons analysé le talent littéraire du promoteur de la chirurgie conservatrice, et nous n'avons pas craint de le classer parmi les meilleurs écrivains didactiques de notre temps. Au sein de nos Sociétés, ce talent s'affirme et se déploie et l'homme s'y montre avec son caractère.

Sa langue, imprégnée de la substance des lettres du grand siècle (1), est toujours puissante et limpide.

Soit qu'il écrive avec la plus étonnante facilité, soit qu'il parle, admirez comme « son flot pur aborde la pensée, l'environne, la soulève et l'emporte majestueusement ! » Quelle vigueur sans apparence d'effort, lorsque sa plume alerte court sur le papier, ses idées viennent chacune à leur tour à son rang, avec ordre et dans le plus harmonieux concert.

---

(1) Etudiées à Privas sous la direction des Pères Basiliens.

Son érudition immense est toujours promptement servie par une mémoire prodigieuse, qui n'a perdu le souvenir précis d'aucune lecture, d'aucune expérience de laboratoire, d'aucun fait clinique, d'aucun malade. Il a tout si bien appris, compris et observé que le passé lui est toujours présent.

Dans les discussions, il est argumentateur habile, pressant, vif parfois, mais sans cesser d'être correct et solennel. Son jugement est calme et impeccable. Sa critique est toujours chargée d'éloges — car il est essentiellement bon et ne connaît pas plus la jalousie mesquine que la basse rancune ; il évite l'épigramme et fuit l'ironie pour ne point abaisser les questions, pour ne point descendre des sphères élevées où il habite, comme l'aigle, sa pensée souveraine, là même où il a coutume de maintenir ses sentiments ; il prend un soin infini de ne pas froisser ses interlocuteurs, ni de blesser la vérité qui fut l'objet de ses assiduités constantes, pour lui comme pour les autres. Il voulait être toujours, même au milieu des contradictions les plus inattendues, même sous le coup de rivalités déloyales ou de procédés ingrats, aussi juste et bon que judicieux. La chaleur des débats ou de la polémique, les déboires de la vie ne le firent jamais dévier de cette route de l'honneur et de la justice, ni renoncer à son habituelle bienveillance, non plus qu'à sa noblesse native de cœur et d'esprit. C'était une grande âme, une âme généreuse autant qu'une belle intelligence !

Sa vie est un grand exemple de persévérance dans l'effort, d'unité dans le travail, de précision et de vérité dans la doctrine et les œuvres, de fidélité enthousiaste dans l'amour de la science, en général, et de la noble chirurgie en particulier, de magnanimité et de grandeur dans les déterminations du cœur ou de l'esprit, dans les relations professionnelles et sociales.

Je reviens à nos Sociétés lyonnaises, au sein desquelles tous nous avons entendu et admiré le maitre toujours prêt à nous encourager, à nous faire part des trésors de savoir qu'il avait emmagasinés, sans la moindre confusion, dans son cerveau encyclopédique. Les écrits, les bulletins qui étaient la reproduction de ses communications, se trouvent à chaque page de nos journaux médicaux depuis 1853.

C'est d'abord la *Gazette médicale* de Diday et Lacour, puis c'est le *Journal de médecine* de Lyon, puis le *Lyon médical*, etc. Nos Sociétés locales ont toujours eu la primeur de ses découvertes et de ses travaux. Il tenait à remplir ce devoir de bonne confraternité, qui se doublait, chez lui, d'un devoir volontaire de chef d'école, avant d'aborder la tribune des Sociétés parisiennes, d'où la voix des savants se répand plus vite et plus loin à travers le monde intellectuel. Nous avons fait connaître ailleurs la liste de ses communications à la Société de médecine, à la Société des sciences médicales et à la Société de chirurgie.

Je ne citerai que les titres d'un petit nombre :

Développement anormal des deux reins chez un fœtus, 1853 (1).
De l'origine glandulaire des tumeurs du sein.
Lettre chirurgicale sur le régime des opérés.
Lettre chirurgicale sur la cautérisation à Paris.
Reproduction artificielle des os, 1860.
Des résections sous-périostées.
Application à la chirurgie de la propriété ostéogénique du périoste.
De la réalités des régénérations osseuses à la suite de résections sous-périostées.

---

(1) Mémoire fait en collaboration avec le D' A. Gailleton, qui vient de mourir (29 octobre 1904).

Transplantation d'os pris sur des animaux morts.
De l'accroissement en longueur des os des membres et de la part proportionelle qu'y prennent leurs deux extrémités.
De l'influence de la température des lambeaux dans la greffe animale.
Application de l'ostéoplatie à la restauration du nez, transplantation du périoste frontal, 1862.
Ostéogénie périostique.
Résection du genou.
Des résections des grandes articulations.
Des pointes métalliques pour le traitement des fractures diaphysaires des os longs.
Des greffes cutanés.
Du pansements des plaies par l'occlusion inamovible.
Résection du calcanéum.
Eléphantiasis du nez et son traitement par la décortication.
Kyste de la tyroïde.
Résultats définitifs des résections articulaires pratiquées pendant la guerre de 1870, par la méthode sous-périostée.
Résection sous-périostée du coude dans les cas d'ankylose vicieuse.
Nouvelle scie à volant.
Sur l'entorse juxta-épiphysaire.
Sur les kystes du rein.
Traitement de la coxalgie suppurée par la résection.
Traitement des pieds-bots rebelles par l'ablation des os du tarse.
Kystes de l'ovaire.
Névromes du nerf médian.
Désarticulations et amputations sous-périostées.
Sur l'urétrotomie externe sans conducteur.
Résection du poignet.

Suture de l'olécrane pour fracture ouverte du coude.
Résection du genou pour ankylose angulaire.
Résections et amputations chez les tuberculeux.
Extirpation du rein par énucléation.
Néphrectomie sous-capsulaire pour abcès volumineux.
Tarsectomie postérieure.
Trépanation dans les ostéomyélites douloureuses et rebelles.
Ablation de l'astragale pour arthrite suppurée tibio-tarsienne.
Mesures d'hygiène contre le choléra.
De l'arthrotomie et des diverses opérations conservatrices dans les ostéo-arthrites suppurées.
Dangers et inconvénients des opérations économiques dans les affections articulaires.
Valeur de l'abrasion articulaire au point de vue de la marche de la tuberculose.
Désarticulation scapulo-thoracique.
Ablation simultanée et complète du calcanéum et de l'astragale.
Désarticulation de l'épaule pour un sarcôme de l'omoplate.
Sur la panostéite.
Résection de la tête humérale pour une luxation sous-claviculaire non réduite.
Sur la néphrectomie.
Résection du genou, résections partielles du pied.
Sur le mal des gouttières.
Du passé et de l'avenir de la Société de médecine.
Sur l'ostéotomie sous-throchantérienne dans l'ankylose osseuse de la hanche.
Sur la thyroïdectomie.
Traitement post-opératoire de la résection du genou.
Résultats éloignés des opérations conservatrices du pied.
Résultats de certaines résections articulaires (cou-de-pied, poignet).

Myosyndesmotomie à ciel ouvert dans les luxations anciennes du coude.
De l'ankylose à la suite de la luxation du coude.
De la synovectomie.
Résection intra-épiphysaire du genou.
Sur l'ablation des tumeurs malignes des fosses nasales.
Résection trois fois répétée du coude
Résection de la hanche et déviation de la jambe due au développement inégal des deux os.
Chondrectomie orthopédique du péroné et irritation de la diaphyse du tibia pour rétablir l'équilibre dans l'accroissement de cet os.
Kyste suppuré du sinus ethmoïdal ; ostéotomie bilatérale du nez.
Traitement de la tuberculose osseuse à l'hôpital de Giens.
Valeur relative de l'ostéotomie sus-condylienne et de la résection du genou dans l'ankylose de cette articulation.
Résection sous-périostée de l'omoplate.
Résection inférieure de l'humérus.
Résection du maxillaire inférieur pour ankylose osseuse.
Traitement de l'ankylose du coude chez les enfants.
Trépanation bihémisphérique du crâne dans les cas de lésions cérébrales à siège non localisé.
Statistique d'une première série de cent résections du genou.
Résections multiples.
Résections des deux condyles pour ankylose double de la mâchoire.
Luxations anciennes du coude.
Désarticulation sous-périostée de la hanche.
Sur une cause d'irréductibilité des luxations anciennes du coude en arrière.
Réfections de la peau par des greffes autoplastiques.
Résection des luxations irréductibles du coude.

Régénération de 8 centimètres de tibia.
Résection de la tête fémorale pour luxation pathologique ovalaire.
Ablation d'un fibrome de 29 livres et d'un kyste de l'ovaire de 48 kilogrammes.
La régénération osseuse étudiée à l'aide de la radiographie.

A la Société de chirurgie, où il vint plus assidument dans les trois dernières années de sa vie, il ne cessa de prendre la parole, soit pour des communications personnelles, soit à propos de présentations faites par ses élèves et ses collègues. Suivant son habitude, il recherchait avec prédilection les faits les plus anciens, les plus probants, les résultats définitifs ; il présentait, à l'appui de sa démonstration, quand il le pouvait, l'opéré lui-même, la pièce opératoire, l'historique détaillé des cas et tous les documents capables de faire la lumière complète.

Tous les problèmes qui l'avaient occupé, il les revisait sans cesse et les exposait à nouveau sans relâche pour bien rendre la vérité et la faire saisir en lui donnant son dernier coup de burin et la parer de tout son lustre aux yeux des générations futures.

Parmi les travaux originaux de cette époque, nous ne relèverons, dans l'analyse que nous en avons faite ailleurs, que les suivants :

Etablissement d'une articulation cléido-humérale pour fixer le membre supérieur resté impotent à la suite de la résection de la tête humérale et de l'ablation totale de l'omoplate.
De la section du col du fémur dans l'ankylose osseuse de la hanche par le procédé de l'ostéotomoclasie.
Résection totale du coude datant de vingt-huit ans et demi ; Constatation de la néarthrose restée intacte malgré l'invasion des organes par la tuberculose.

Sur les ossifications du brachial antérieur consécutives aux traumatismes du coude et sur la coulée huméro-radiale dans les luxations non réduites.

Il se prononce pour *l'astragalectomie dans les fractures du péroné et de l'astragale* et dans les pieds bots invétérés des adultes.

Communications sur :

Les résections dans les arthralgies rebelles.
Les greffes dermo-épidermiques dans les ectropions cicatriciels.
Carpalgie des adolescents.
De l'ostéotomie verticale et transversale du nez pour les tumeurs des fosses nasales.
Résection sous-périostée interrompue pour ankylose.
Affection symétrique des deux pieds.

Il repousse le *traitement de Whitehead* pour *les hémorroïdes* et *toute intervention sanglante dans les cas d'arthrite hémophilique*.

Il n'est pas opposé à la *ponction de Quincke* dans les traumatismes *lombaires*; mais il n'adopte pas du tout la *méthode de Lorenz pour le traitement des luxations congénitales de la hanche*. Il revendique pour A. Bonnet la priorité de l'idée de réduire brusquement la luxation congénitale, méthode à laquelle il préfère les procédés de douceur, malgré leur longueur parfois désespérante.

Ses plus originales communications sont celles qu'il fit, en 1899, sur une maladie osseuse nouvelle qu'il découvrit à l'aide de la radiographie et qu'il baptisa du nom de *dyschondroplasie*. Cette affection du squelette est caractérisée par l'irrégularité du développement, de l'évolution et de la distribution du tissu cartilagineux dans les os en voie de croissance.

Le cartilage semble offrir une constitution normale et

évoluer plus ou moins lentement dans le sens de l'ossification.

Cette affection, non encore décrite, diffère de l'*achondroplasie* de Parrot, en ce sens que, dans celle-ci, le cartilage de conjugaison ne se développe pas ou s'atrophie trop tôt, de sorte qu'il a produit un arrêt prématuré de l'accroissement de l'os. Elle diffère de la *chondromatose*, et, en d'autres termes, des chondromes multiples, en ce que ceux-ci constituent des tumeurs développées sur les os, tumeurs qui restent indéfiniment à l'état cartilagineux sans subir l'ossification. Elle doit être rapprochée des *exostoses ostéogéniques*, qui constituent pour M. Ollier, dans la forme généralisée de cette affection, une variété de la dyschondroplasie.

La dyschondroplasie diffère de l'*ostéomalacie*, dont le type classique atteint des os déjà constitués. Les caractères différentiels d'avec le rachitisme sont moins nets ; rachitisme et dyschondroplasie sont deux troubles de l'ostéogenèse entravant la solidification des tissus cartilagineux des os.

En somme, c'est avec les exostoses ostéogéniques qui coexistent, du reste, souvent avec la dyschondroplasie, que le professeur Ollier trouve que cette dernière a le plus d'analogies. Les masses cartilagineuses de la dyschondroplasie sont anormalement situées sur les épiphyses et les régions juxta-épiphysaires des os.

N'êtes-vous pas frappés, Messieurs, de la sagacité de cet esprit chercheur, dont ni l'âge, ni la fatigue n'ont ralenti l'ardeur juvénile ?

J'ai cru devoir m'étendre davantage sur cette dernière découverte du chirurgien lyonnais, parce que la *Société de chirurgie* l'entendit souvent en parler et qu'il n'eut pas le temps de faire un travail d'ensemble ni pour la *Revue de chirurgie* — cette chère Revue qu'il avait fondée avec son ami Verneuil — ni pour les Sociétés savantes de la capitale.

En 1900, l'année de sa mort, il fut très assidu aux séances de notre Société de chirurgie. Il ne cessa d'y prendre part aux discussions. C'est ainsi qu'il se prononça en faveur de l'*ablation de l'astragale dans les cas de luxation irréductible de cet os* — contre les *abus du massage en gynécologie* — contre les *abus du massage pour toutes les fractures* — contre les *interventions sanglantes en cas de luxation de la hanche*, dans un but purement orthopédique, à moins qu'il n'existe des troubles nerveux par compression. Il se montre *radical en matière de tumeurs malignes;* l'amputation prime ici la résection.

Il revint avec prédilection et persistance sur la Résection du coude, qu'il a poussée à un point de perfection tel qu'elle restera définitivement acquise au manuel opératoire classique, même parmi les adversaires de la méthode.

En présentant un ancien opéré comme il aimait à le faire, il parla longuement sur *l'ankylose du coude compliquée de synostose cubito-radiale, sur son traitement par la résection sous-périostée interrompue, pour obtenir une néarthrose lâche.*

Il insista, comme toujours, sur le *traitement post-opératoire* et dit que le massage forcé, quand il n'est pas fait avec prudence, peut empêcher la résorption des ostéophytes et même en faire naître. Les ossifications du brachial antérieur se relient aux ossifications articulaires qui sont d'origine périostique ; rarement les ossifications se développent dans des tissus qui ne sont pas ossifiables à l'état normal ; les muscles ne le deviennent qu'exceptionnellement et dans certains états pathologiques. Ces ossifications péri-articulaires immobilisent la jointure par des jetées en arcs-boutants ou en cercles ankylosants.

La plus mémorable de ses dernières communications

fut celle qu'il fit en mars 1900, sur la *résection du coude*; je dis la plus mémorable, parce qu'elle donne son impression générale sur toute sa pratique, tant au point de vue de la théorie que des résultats définitifs d'une méthode à laquelle il avait voué sa vie de labeur extraordinaire pour en doter la science et l'humanité.

Certains esprits qui fuient la lumière, lorsqu'elle ne vient pas de leur lampe à incandescence personnelle, cherchaient, pour ne pas subir l'influence du maître, des voies étroites, à côté de cette superbe avenue qu'il avait si magnifiquement tracée et où leur petitesse se perdait. Ils offraient leurs petits moyens, surannés ou mal compris, au lieu et place des grandes résections méthodiques. Ollier rétablit la vérité qui était la conquête de son labeur acharné d'un demi-siècle. Il fit une communication sur *les mauvais résultats des opérations incomplètes, sur les grattages et curettages dans la tuberculose du coude, sur la nécessité de la résection typique.*

Il avait bien le droit de parler en dogmatisant, lui qui s'appuyait sur une expérience de :

827 résections magistrales :

- **73** *Résections de l'épaule,*
- **270** *Résections du coude,*
- **79** *Résections du poignet,*
- **87** *Résections de la hanche,*
- **178** *Résections du genou,*
- **140** *Résections de la tibio-tarsienne.*

Sa conclusion générale — qui a un poids immense, on en conviendra, étant donnée sa haute valeur scientifique — est que la résection est le seul traitement de la tuberculose articulaire, surtout pour le coude, qui occupe le premier rang dans sa statistique à nulle autre pareille. « Plus il allait, disait-il, plus il se confirmait dans cette opinion ; plus il réséquait de coudes, plus il voyait qu'il faut toujours les réséquer. Les résections ne donneront plus aucun accident, grâce à l'antisepsie, à ceux qui savent les pratiquer et il est inutile de montrer encore une fois la perfection des résultats fonctionnels qu'on peut obtenir par leur traitement post-opératoire bien conduit. « Il n'admet la résection semi-articulaire que pour les lésions traumatiques et il préconise sans hésiter la résection articulaire totale pour la tuberculose. Ni le curettage ni les résections incomplètes ne procurent la guérison des lésions ; ils aboutissent le plus souvent à des ankyloses ou à des mouvements insuffisants.

« Les tentatives nouvelles contre les résections ne sont que des réactions injustifiées, disait-il. »

Nous qui avons eu le bonheur de voir, dans son service et dans les diverses Sociétés médicales de notre ville, la plupart de ses opérés, merveilleusement guéris, jouissant de membres utiles reconquis sur la maladie, d'articulations régénérées d'après leur type physiologique, nous garderons sa doctrine comme le plus précieux des héritages, legs sacré qui est à la fois un bienfait inappréciable pour la pauvre humanité souffrante et pour la gloire du pays.

C'est aussi notre gloire à nous, Lyonnais, gloire dont le professeur Ollier fut toujours si jalousement soucieux.

Souvenons-nous que s'il avait moins aimé Lyon, il se fût assis sous la coupole de l'Institut. Nous avons toujours été les premiers confidents de ses découvertes et de ses résultats en sève ou à maturité. Vous en avez eu la preuve en dépouillant les Annales de nos Sociétés. Nous lui serons reconnaissants de n'avoir jamais consenti à se séparer de sa ville d'adoption, cette grande cité industrielle, cette cité de progrès réfléchi, où l'on sait si bien unir le culte de l'utile et du beau, de cette noble cité, où l'on sait apprécier le travail et le talent, où il avait parcouru, à pas de géant, les superbes étapes de sa grande carrière, où il s'était créé des liens si nombreux et si forts de gratitude, d'attachement et d'admiration.

Il a continué avec un incomparable éclat l'imposante dynastie des Pouteau, des Marc-Antoine Petit, des Viricel, des Gensoul, des Petrequin, Barrier, Desgranges, Rollet, Bouchacourt, etc.

Il a surtout continué Amédée Bonnet, qui fut son maître et son modèle. Bonnet et Ollier, ces deux noms brillent désormais comme deux étoiles de première grandeur au firmament de notre cité. Ils sont et seront inséparables dans la science comme dans notre unanime vénération.

Tous deux furent dotés du plus ardent esprit d'investigation. Chefs de l'*Ecole de la chirurgie osseuse conservatrice*, ils déployèrent une ferveur égale à en améliorer et à en multiplier les moyens pour en étendre le domaine. De même race intellectuelle et morale, ils exercèrent sur leurs contemporains la prestigieuse influence que donne la probité la plus pure, unie à une valeur professionnelle du plus haut prix.

Modèles de constance dans le travail et dans l'effort inlassable vers le même idéal de perfection, ils ont marqué l'empreinte ineffaçable de leur personnalité sur les générations de disciples qu'ils ont formés. Ils se rapprochent encore par la similitude de leurs énergies, orientées, concentrées sur une même idée féconde, dont ils ont su pénétrer toute l'étendue compréhensive. L'idée dominante fut pour Bonnet, le redressement et l'immobilisation dans le traitement des tumeurs blanches; pour Ollier, ce fut la régénération des os par le périoste; pour Pasteur, ce fut la pathogénie des maladies, à chercher dans les parasites infiniment petits, dans les microbes. Cette idée unique, primordiale fut la synthèse, la raison de leur être, et l'on sait les fruits qu'ils en ont tirés. Avec une idée, on soulève et l'on change le monde. Le difficile et l'essentiel est d'avoir l'idée et, pour avoir une grande idée, une idée maîtresse, génératrice de progrès, pour en saisir tous les aspects, toute la portée, pour en faire jaillir l'étincelle, pour lui faire rendre ce qu'elle renferme en germe et qui demeure lettre morte pour le commun, il faut avoir cette flamme, ce quelque chose de supérieur et de rare qui subjugue et qu'on nomme le génie. Ils l'eurent l'un et l'autre ; car ils eurent la patience, la force, la persévérance, l'intuition pénétrante et profonde, la faculté de donner la vie à tout ce qu'ils touchèrent, le goût, la proportion, la mesure, la réserve prudente, hésitante même des grandes intelligences qui voient trop et simultanément les côtés contradictoires des questions pour ne pas reculer devant les affirmations absolues ; ce sont bien là, n'est-il pas vrai, quelques-uns des principaux traits spécifiques du génie ?

Ollier restera donc avec Amédée Bonnet l'une des plus grandes figures chirurgicales de notre temps.

Pour nous, Lyonnais, il sera plus que cela ! Nous nous plairons — dans un sentiment d'orgueil très légitime — à voir encore en Léopold Ollier, ancien chirurgien-major de l'Hôtel-Dieu, professeur de clinique chirurgicale à la Faculté de médecine, non seulement un bienfaiteur de l'humanité comme Lyon en compte tant, mais encore l'une des plus indiscutables de nos illustrations locales. Notre grand chirurgien lyonnais a victorieusement montré, ainsi que nous l'écrivait M. Paul Bourget (1), — qui ne pouvait, on le comprend,

---

(1) L'un des nôtres à l'Académie comme membre associé.

demeurer insensible à ce qu'il y a « de vigoureusement local dans cette forte physionomie d'un savant qui ne s'est pas laissé déraciner, — il a montré, disait-il, la grandeur où peut atteindre un beau génie qui a le courage de rester provincial et de renoncer à certaines facilités de succès extérieur pour enrichir sa ville (adoptive) de sa gloire et de son influence. »

Je salue donc, Messieurs, ce génie local, ce bon génie, dont la renommée emplit l'univers, je le salue, avec émotion et fierté au nom des Sociétés savantes de Lyon, qui furent toutes l'objet de sa sollicitude active, qu'il anima de sa flamme créatrice, au sein desquelles sa mémoire sera gardée avec autant de respect que de reconnaissance.

En terminant, je répéterai pour lui-même ce qu'il disait à la jeunesse de notre Faculté le jour de l'inauguration du buste de Rollet : N'oubliez pas que ce bronze représente un des plus grands maîtres de la Chirurgie contemporaine ; n'oubliez pas qu'Ollier fut non seulement remarquable par la supériorité de son génie investigateur, mais encore par sa vie laborieuse, digne, calme et vertueuse, toute consacrée au devoir et à la bienfaisance ; n'oubliez pas que le professeur Léopold Ollier fut, enfin, non seulement une sommité de la science, un esprit supérieur, mais encore un grand, un beau, un noble caractère.

DISCOURS DE M. le Docteur GANGOLPHE

Messieurs,

Les magnifiques funérailles que la ville entière a faites à Ollier n'étaient que le prélude des multiples hommages rendus à sa mémoire.

De tous côtés, au lendemain de ses obsèques, les adhésions affluaient, donnant à ses élèves, à ses admirateurs, à ceux qu'il avait guéris, la certitude qu'ils pourraient perpétuer son souvenir.

Aujourd'hui, devant ce monument où l'artiste a su rendre l'allure magistrale de notre grand concitoyen, vous avez entendu célébrer son œuvre scientifique, poursuivie pendant près d'un demi-siècle.

On vous a retracé les étapes de sa glorieuse carrière, énuméré les titres et les honneurs qui lui furent attribués ; à mon tour, je viens comme élève d'Ollier et comme chirurgien-major de l'Hôtel-Dieu, vous dire ce qu'il fut dans l'exercice de ses fonctions de chirurgien d'hôpital.

Etudiant en médecine à Montpellier, où il remplit les fonctions d'aide botanique (1849), il vint concourir à l'internat de Lyon et fut reçu premier, le 8 novembre 1851.

Ses tendances scientifiques se manifestent en même temps que ses aptitudes professionnelles ; plusieurs mémoires, dont l'un en collaboration avec Gailleton, sa thèse sur la structure microscopique des tumeurs cancéreuses du sein, le désignent à l'attention.

Ollier aimait à nous rappeler cette incursion dans le domaine alors peu exploré de l'histologie.

En 1856, il concourut au majorat de la Charité ; en 1857, à l'agrégation en chirurgie, à Paris... La victoire lui échappe. Ce dernier concours, où tant de circonstances étrangères aux épreuves, interviennent souvent pour en modifier les résultats, ne paraît pas le décourager.

Malgré Velpeau qui cherche à le retenir à Paris, en lui promettant de futurs succès, il revient à Lyon, décidé à conquérir de haute lutte, le titre ambitionné de chirurgien-major de l'Hôtel-Dieu.

Dès ce moment aussi, il s'oriente du côté de la chirurgie des os et des articulations.

En 1858, il publie son premier mémoire sur les « Moyens chirurgicaux de favoriser la reproduction des os après les résections ».

Enfin, le 19 mars 1860, il voyait son rêve se réaliser ; à 29 ans, il était nommé, après un brillant concours, chirurgien-major de l'Hôtel-Dieu.

Poursuivant ses travaux, allant étudier sur place la chirurgie étrangère, il met à profit le temps qui le sépare de son entrée en fonctions. Celle-ci, à son grand regret, ne se fit guère attendre.

Dès 1861, l'administration lui confie 120 malades, et le 1er janvier 1863, le grand service devenu vacant par la fin prématurée de Baumers. Il pouvait dès lors appliquer à l'homme les résultats de ses expériences ; il ne serait plus obligé de demander à Verneuil de pratiquer une résection sous-capsulo-périostée du coude, à Follin de faire une amputation à manchette périostique.

D'aucuns s'attendaient à le voir aussitôt et à toutes les occasions, saisir le bistouri. Eh bien ! Messieurs, et c'est là un trait qui le caractérise, Ollier reste plus de deux ans avant d'oser faire une résection sous-périostée.

Les mécomptes terribles que réservait à l'opérateur le plus habile l'infection toujours menaçante à cette époque, retenaient sa main, et ce fut tout d'abord dans les cas les plus mauvais, qu'il se décida à intervenir.

Le succès récompensa ses tentatives. Il y a peu de temps, je présentai à la Société de chirurgie de Lyon une malade qu'il avait opérée il y a trente-sept ans.

Au surplus, au seuil de sa carrière hospitalière, il jouit déjà de la plus grande réputation.

Au lendemain de la guerre d'Italie, l'Académie des sciences avait mis au concours la question suivante : « De la conservation des membres par la conservation du périoste », et créé un grand prix de dix mille francs.

En raison de son importance pour le traitement des blessures de guerre, Napoléon III en doubla la valeur.

Sédillot et Ollier se partagèrent le prix ; mais la croix de la Légion d'honneur vint souligner cette récompense.

Menant de front les préoccupations scientifiques et professionnelles, il trouve le moyen de satisfaire aux exigences d'un service de chirurgie extraordinairement actif.

Servi par une santé de fer et une mémoire prodigieuse, il ne laisse échapper aucun fait intéressant.

Les malades n'étaient pas pour lui que de simples numéros.

Les examens prolongés, réitérés auxquels il les soumettait, la façon toujours courtoise, bien souvent paternelle dont il leur faisait raconter leurs maux gagnait la confiance des malheureux.

Certains que leur sort était en bonnes mains, ils acceptaient vite ; bien plus, ils sollicitaient l'opération libératrice.

Ne savaient-ils pas que nul plus que lui n'avait le souci de leur santé ?

A ses yeux, tous étaient également intéressants, et s'il suivait avec ténacité le traitement consécutif d'une résection, il ne dédaignait pas de surveiller les fractures les plus vulgaires.

Autour du maître, stimulés par son exemple, chefs de cliniques, internes, externes, rivalisaient de zèle, et c'est après un diagnostic bien établi, des indications bien posées, que le patient était conduit à la salle d'opération.

Ollier ne pensait pas qu'il fallut inciser d'abord, diagnostiquer ensuite.

L'intervention offrait-elle quelques difficultés particulières, il s'assurait par de nouvelles recherches de la meilleure technique à adopter. Une complication surgissait-elle à l'improviste, au cours de l'opération, Ollier y paraît aussitôt, sa clairvoyance habituelle instantanément décuplée devant le danger.

N'est-ce pas au cours d'une néphrectomie des plus laborieuses que je l'ai vu recourir, séance tenante, à la décortication du rein, manœuvre de nécessité qui devait devenir une méthode de choix.

Méticuleux, complet, méthodique dans son examen clinique, il apportait les mêmes qualités à son opération, n'attachant qu'une importance secondaire à la célérité.

Partisan avant tout de la chirurgie des résultats, il surveillait de très près ses opérés, faisait les premiers pansements et ne dédaignait pas de mettre la main à la confection des bandages, silicates et plâtre.

La visite, comme l'enseignement, se faisait à la française « au lit du malade ». N'est-ce pas la meilleure manière de familiariser les élèves avec les difficultés de la pratique ?

Lequel d'entre nous n'a conservé le souvenir de ces longues séances d'interrogation, d'examen, de mensuration ?

Il allait ainsi, entouré de ses disciples, souvent aussi escorté de chirurgiens étrangers, s'arrêtant à chaque lit.

Après avoir vu ses opérés un à un, il revenait encore sur ses pas jeter un dernier coup d'œil, poser une dernière question ou adresser à un malheureux le mot qui le réconfortait.

Une nuit de décembre 1879, je l'ai vu, revenant de voyage, faire son entrée dans la salle Saint-Sacerdos, où m'appelait mon service d'interne de garde. Il venait, accompagné de son fidèle Viennois, s'assurer de l'état d'un de ses opérés,

Voilà, messieurs, comment Ollier comprenait le rôle social du chirurgien. A leur sortie du service, les malades n'étaient pas perdus de vue ; les résultats éloignés étaient soigneusement enregistrés.

D'une part, la mémoire prodigieuse d'Ollier lui permettait de retenir et de reconstituer au besoin l'histoire détaillée de ses opérés ; de l'autre, la reconnaissance de ces derniers était un lien qui les rattachait à la clinique.

En ce moment même, je me fais l'interprète des sentiments de plusieurs d'entre eux qui, sachant que je devais prendre la parole aujourd'hui, m'ont demandé de déposer ici l'humble hommage de leur profonde reconnaissance.

Je m'arrête dans cette évocation d'un passé déjà lointain pour beaucoup d'entre nous.

A côté de ses préceptes de chirurgie, Ollier nous a laissé l'exemple d'un travail incessant, d'une conscience scientifique et humanitaire absolue.

Nous garderons jalousement ce dépôt pour le transmettre à nos successeurs.

DISCOURS DE M. LE Professeur TEISSIER

Monsieur le Ministre,

Messieurs,

L'Association française pour l'avancement des sciences s'incline respectueusement devant ce bronze qui doit perpétuer l'image d'un de ses fondateurs les plus illustres, et aussi l'un de ses serviteurs les plus glorieux.

Lorsqu'en 1871, au lendemain de nos désastres, une pléiade de cœurs généreux se groupèrent dans la patriotique pensée d'entreprendre, suivant l'expression même de Quatrefages « le relèvement du pays par l'étude et la diffusion de l'esprit scientifique », celui qui avait déjà, sans compter, dépensé pour les victimes des batailles inutilement meurtrières, son temps, sa science, et ses peines, Ollier ne pouvait manquer de marcher au premier rang.

Et c'est pourquoi ont put le voir chaque année et pendant un long temps à côté des Bernard, des Dumas, des Wurtz, des Fremy, des Broca, des Potain, des Verneuil, des Jansen, des Bouchard et des Chauveau, pour ne parler que des morts ou des plus illustres, porter aux quatre coins du territoire la réconfortante parole, et honorer de ses communications ou de ses discours ces mémorables assises où, jusqu'à la création des congrès spéciaux, les Maîtres les plus estimés du pays apportèrent le meilleur de leur activité, et leurs travaux les plus importants.

Du reste, ne l'avait-il pas dit lui-même dans son rapport de Nantes : « Trêve aux folles tentatives du passé où l'on va chèrement acheter quelque gloire douteuse. C'est par les œuvres de la science et de la civilisation que nous devons reconquérir notre rang dans le monde, et retrouver la force que nous avons perdue.

« Dans les luttes prochaines, c'est à l'armement scientifique, que nous devons demander cette supériorité ; c'est parce que nous nous sommes écartés de la tradition, et avons perdu la traînée lumineuse qui a marqué la fin ou l'aurore des deux derniers siècles, que nous avons désappris la victoire.

« Que la science soit donc notre guide, et notre boussole dans les obscurités de l'avenir, c'est le meilleur moyen de servir la patrie ». Et Ollier ajoutait : « La Science et la Patrie, telle est la devise de notre Association, tel est aussi notre seul programme. »

A ce programme, Messieurs, nul n'aura été plus fidèle ; nul encore ne l'aura plus glorieusement rempli !

Que douce aussi dut être sa récompense, lorsque forçant l'universelle renommée et l'admiration de tous, l'ancien chirurgien des ambulances lyonnaises, dont l'âme porta toujours une blessure douloureuse malgré les lointaines années, vit un jour (nouvel et pacifique envahisseur) son image respectée, acclamée d'enthousiasme dans les palais académiques de la grande cité allemande, comme celle d'un des maîtres les plus incontestés de la chirurgie mondiale !

Ollier pouvait-il rêver une revanche plus consolante et plus humaine !

Messieurs, si d'impérieux devoirs, ou un deuil poignant n'avait retenu loin de cette solennité le Président et l'infatigable secrétaire général de notre Conseil ; ils eussent tenu certainement à apporter ici personnellement l'hommage de leur admiration et de leur reconnaissance. Au moins ont-ils voulu, en empruntant ma voix plus modeste, que ce pieux devoir fut rempli tout à la fois par un des membres de l'Association qui lui fut le plus attaché, et par un de ceux qui, parmi les élèves d'Ollier, gardent et garderont profondément gravé au cœur, l'inaltérable souvenir de sa mémoire vénérée..

C'est là en même temps mon excuse et ma fierté.

MAISON NATALE

Le Banquet du Comité

Dans la soirée, le Comité avait convié en un banquet commémoratif, qui a eu lieu dans les sallons Berrier et Millet, à Bellecour, les représentants du corps médical lyonnais et les délégués étrangers venus glorifier la mémoire de celui qu'ils honoraient.

La réunion a été des plus brillantes. Y assistaient, toutes les personnalités citées au cours des cérémonies de la journée. Après un menu excellemment servi, alors que le White Starr emplissait les coupes de sa liqueur dorée, de nombreux discours ont été prononcés.

M. Alapetite, préfet du Rhône, après avoir porté le toast loyal au chef de l'Etat et rappelé la nuit historique du 24 juin 1894, dit la grande douleur qui dut étreindre alors le chirurgien Ollier, impuissant, malgré sa science, à conjurer le fatal dénoûment qui allait endeuiller le pays tout entier. Puis, M. le préfet a rendu un éloquent hommage à la mémoire d'Ollier qui, dans sa curiosité scientifique et dans ses recherches a toujours été guidé par la seule ardeur de guérir ou de soulager.

M. Lortet a remercié les hôtes étrangers, les délégations de l'Institut et des diverses universités.

M. Bayet, directeur de l'Enseignement supérleur, après avoir présenté les excuses du ministre de l'Instruction publique que les exigences de son ministère ont obligé à rentrer à Paris, loue la ville de Lyon de savoir honorer ses grands morts et félicite le comité de son initiative et de son œuvre.

Le professeur Lassar, en excellent français, dit qu'il est venu avec joie acquitter une dette de reconnaissance. « Au moment du Congrès international de chirurgie de Berlin, on craignait que la chirurgie française ne fut pas représentée; or, sans les Français, la science chirurgicale ne vaut pas grand'chose ; j'ai frappé à la porte d'Ollier, elle s'est ouverte et a donné passage à la science française ; depuis ce moment, cela a fondé entre nous une amitié profonde. C'est pour moi une affaire de gratitude personnelle, et j'aurais tout fait pour venir lui rendre un dernier devoir d'affection. Je viens avec une grande chaleur de cœur, dans ce pays qui est celui des roses, des truffes, des vins de Bourgogne et de Bordeaux. Mais le plus grand charme de ce pays, c'est encore la famille, et mon choix sera de boire à la santé de la famille du grand Ollier ».

M. Lannelongue, au nom des chirurgiens français, boit à la ville de Lyon et à sa Faculté de médecine qui suit dignement les traditions chirurgicales que lui ont données ses illustres maîtres.

M. Van Stokum, de Rotterdam, apporte le tribut d'hommage et d'admiration des médecins hollandais au maître lyonnais qui, par sa science, appartient à l'humauité tout entière. Il lève son verre à la chirurgie française pour rénover son passé, saluer son présent et boire à son avenir.

Puis M. Aynard, au nom des vieux amis d'Ollier, des profanes qui, n'ont pu apprécier l'étendue de sa science tout comme la grandeur de son esprit et l'élévation de son cœur, lève sa coupe à la mémoire d'Ollier et à la médecine lyonnaise, continuatrice de son œuvre.

Enfin, le docteur Viennois salue le souvenir de son maître et ami, dont il vante la science expérimentale ; M. Lortet clôt la série si longue des toasts en adressant un juste tribut d'éloges a sculpteur Boucher, auteur du monument, et à l'architecte Rogniat qui fit le piédestal.

(Lyon Médical)

DISCOURS PRONONCÉ AU BANQUET DE L'INAUGURATION DU MONUMENT OLLIER PAR M. le Docteur VIENNOIS.

Messieurs,

Il y a peut-être quelque témérité, après les magnifiques discours que vous avez entendu, de vous parler encore du professeur Ollier. Cependant il appartient à celui qui a partagé pendant plus de trente ans, sa vie laborieuse et scientifique, de joindre sa voix à celle des orateurs qui se sont succédés dans cette enceinte, pour remercier encore le Ministre de l'Instruction publique d'avoir bien voulu honorer de sa présence la solennité d'aujourd'hui.

Ce n'est pas trop, pour rendre hommage à la mémoire de celui qui fut le plus grand chirurgien de son siècle, qui sut unir le culte désintéressé de la science à celui de la chirurgie dans tous ses domaines, et en particulier dans celui de la chirurgie des os.

Pour apprécier équitablement les mérites et les services rendus par le professeur Ollier, il faut se reporter à ce qu'était la chirurgie des os en 1860, époque où il fut chargé d'un service à l'Hôtel-Dieu de Lyon, et de la comparer à ce qu'elle était à la fin du siècle qui vient de finir.

Avant le professeur Ollier, l'amputation était la règle dans presque tous les cas de maladie chronique des os ou des articulations, et l'on voyait errer par les chemins des bandes de mutilés abandonnés à leur misère ou à la charité publique. Aujourd'hui l'amputation est l'exception, elle est remplacée par une opération nouvelle, conservatrice, qui, lorsqu'elle est pratiquée suivant les préceptes du professeur Ollier, assure aux opérés des membres nouveaux doués de leur énergie primitive et de tous leurs mouvements, ce qui ne s'était jamais vu.

Il y a plus, la perfection des membres reconstitués est telle, au point de vue de l'esthétique, qu'elle a pu en imposer dans certains cas à un œil exercé, témoin ce réserviste qui, appelé au régiment pour faire ses 28 jours, excipe auprès de son chirurgien d'une ancienne résection du coude, pour être dispensé de son service militaire. Il est renvoyé rudement à la caserne, comme un simulateur; il est obligé de faire ses 28 jours jusqu'au dernier, pendant que ses trois os du coude qu'on lui a enlevés autrefois, reposaient et reposent encore dans un des bocaux si nombreux qui font partie de ce musée magnifique, unique au monde, que la Faculté de médecine de Lyon tient des libéralités de la famille Ollier, et que collectionne, en ce moment, l'ancien chef de laboratoire.

Sans doute, il s'est rencontré, avant le professeur Ollier, des chirurgiens, tant en France qu'en Angleterre, qui ont cherché à éviter l'amputation des membres, par des opérations conservatrices, et pour ne parler que de la France, les deux Moreau (de Bar-le-Duc) l'ont tenté à la fin du xviiie siècle et au commencement du xixe. Mais les résultats qu'ils obtinrent, lorsque les opérés survivaient à l'intervention, étaient bien médiocres et les membres conservés bien imparfaits, si on les compare à ces cas magnifiques, que le professeur Ollier a livrés par douzaines à l'admiration des chirurgiens, au Congrès français de Chirurgie, tenu à Lyon en 1894. Ce qui a manqué aux chirurgiens lorrains, comme aux chirurgiens étrangers, pour obtenir des résultats pareils, c'est l'idée directrice, par laquelle le professeur Ollier se distingue si particulièrement de tous ses prédécesseurs, l'idée directrice, c'est-à-dire l'expérimentation sur les animaux vivants, car M. Ollier fut physiologiste avant d'être chirurgien.

Frappé depuis longtemps de cette assertion de Duhamel, qui avait soutenu en 1741, devant l'Académie des sciences, que le périoste fait de l'os ; encore plus frappé des conclusions contradictoires de Flourens, sur le même sujet, dans son retentissant mémoire de 1849, M. Ollier entreprit de trancher la question par une expérimentation décisive.

C'était pendant les vacances de 1857. Nous étions ensemble, dans son pays natal, aux Vans (Ardèche) ; nous saisimes un jour un lapin vigoureux, M. Ollier enleva sur l'un des tibias, un lambeau de périoste et le porta sous la peau du dos de l'animal. En moins de trois semaines, un os nouveau s'était produit, avec tous ses caractères : le problème était résolu. De là, à l'idée de conserver la membrane enveloppante des os et des articulations pour leur reproduction future, il n'y avait qu'un pas, qui fut franchi avec la rapidité qu'inspire le génie.

Désormais, le sort des malheureux qu'on livrait à l'amputation sera transformé ; ils pourront retrouver dans une opération nouvelle, des membres robustes, solides, munis de leurs fonctions normales. L'expérimentation sur les animaux vivants, transportée sur l'homme, aura produit ce miracle : la résurrection des membres humains, condamnés à la mort, ne rappelle-t-elle pas de loin la résurrection de Lazare ? Aussi vit-on affluer à l'Hôtel-Dieu de Lyon, pendant quarante ans, pour y admirer ces résultats magnifiques, tous les chirurgiens qui comptent un nom dans l'ancien comme dans le nouveau monde.

Oui, Messieurs, tous les hommes compétents de la France et de l'étranger ont tenu à venir ici pour voir de leurs yeux cette merveille des merveilles chirurgicales du xix° siècle.

Si les recherches du professeur Ollier sur les fonctions du périoste constituent la partie principale de son œuvre, elles sont loin de la représenter toute entière. Il songeait, en dehors de cette question, à réunir les vastes matériaux amassés pendant quarante ans de pratique hospitalière, sur les parties les plus diverses de la chirurgie, pour en publier les résultats, comptant bien davantage sur une mémoire extraordinairement heureuse que sur des notes journalières.

Il souffrait cependant, et depuis longtemps ; mais au lieu d'ouvrir dans sa vie une parenthèse, afin de prendre un repos prolongé, qui l'eût sauvé, dans l'ardeur qu'il mettait en toutes choses, il ne vit que le but à atteindre et consulta bien plus son courage que ses forces. Elles diminuaient peu à peu, dans ses journées d'extrême lassitude, faites de fatigues accumulées, comme il le disait lui-même. Il dut plus d'une fois se demander s'il aurait le temps d'aboutir. Peut-être même entrevit-il la possibilité d'une fin prochaine, lorsqu'il me dit un jour, quelque temps avant sa mort : « Mon cher Viennois, si je venais à disparaître aujourd'hui, les trois quarts de ce que j'ai fait seraient perdus ».

C'est dans ces circonstances que la mort est venue le frapper, une mort foudroyante ; si elle a été un désastre pour les siens, elle l'a été non moins pour la science. Mais, Dieu merci, ce qui reste encore de l'œuvre du professeur Ollier suffit largement à assurer sa gloire et à empêcher son nom de périr, aussi bien dans la mémoire des chirurgiens, dont il a été l'initiateur, que dans celle du pauvre peuple, dont par sa vie professionnelle il avait pu voir de plus près les misères.

On a tout dit sur le savant, il reste toujours à dire sur l'homme de bien ; ses qualités morales étaient à la hauteur de son génie.

Respectueux de la conscience des autres, il était libéral dès l'adolescence, bon citoyen, patriote, fidèle en ses amitiés, adoré des siens. Il l'était surtout des malheureux qu'il rencontrait tous les jours dans ce grand hôpital, où il a passé sa vie, ne ménageant pour eux ni son temps, ni sa peine, ni sa santé, qu'il a sacrifiée pour ainsi dire, comme sur un autel jusqu'à son dernier jour. Son dévouement et sa générosité pour les humbles, dont j'ai été si souvent le seul témoin, se doublaient encore des formes délicates que lui inspirait sa bonté naturelle.

Il confondait dans le même amour le bien pour lui-même et la recherche scientifique, qui en est un moyen, levant toujours les yeux plus haut pour atteindre l'idéal qu'il avait rêvé. Sa magnifique intelligence accompagnait une âme d'élite ; il était de ceux qui savent fermer les yeux sur l'ingratitude des hommes, et pratiquer l'oubli des injures, pour se retremper dans les régions sereines de la science et les espoirs de la patrie.

Messieurs, la présence du Ministre au milieu de nous dans cette journée, atteste l'intérêt qu'il porte aux choses de la science, comme à ses représentants. Il pense, comme nous, sans doute, que la science est encore la grande émancipatrice des hommes, qu'ils travaillent de leurs bras ou de leur cerveau, et qu'unie à la morale, elles se donnent la main, pour être les plus fidèles, les plus dévouées, les plus incomparables compagnes de la démocratie.

LE MONUMENT DES VANS

INAUGURATION DU MONUMENT

AUX VANS

L'inauguration du monument élevé sur la place des VANS (Ardèche), a eu lieu le dimanche 25 octobre 1905.

Voici le compte rendu de cette cérémonie :

Le soleil se prodigue avec magnificence. Le coup d'œil est ravissant : pas un recoin qui ne soit pomponné avec une sobre et délicate élégance, partout des arabesques en buis et en mousse, piquées de fleurs, partout des drapeaux, partout des inscriptions : « A notre illustre compatriote, Honneur à la science etc. ».

Tout est à point, la ville est prête.

Bientôt un allègre pas redoublé retentit : c'est l'Harmonie des mineurs de Bessèges qui fait son entrée triomphale, précédée des commissaires de la fête, en tête desquels marche M. Pérussel, président du comité d'organisation et conseiller municipal. Elle s'arrête devant l'Hôtel de ville, sur le seuil duquel se tiennent M. Duclaux-Monteil, le conseil municipal au complet, la famille Ollier et le Bureau de la Société de Secours mutuels des Vans, dont Ollier fut président d'honneur. Le porte-drapeau de la Société de secours mutuels est à droite de M. Duclaux-Monteil ; bannière en mains, le porte drapeau de l'Harmonie de Bessèges lui fait vis-à-vis. Les musiciens se rangent en cercle, lancent la « Marseillaise » aux échos des montagnes voisines.

La foule, massée dans la rue, et jusque sur la place, applaudit à tout rompre.

Le cortège officiel se forme, musique en tête, et se dirige aux accents d'une marche entraînante, vers la maison natale d'Ollier, pour la pose d'une plaque commémorative. La foule suit ou fait la haie.

Elle est toute humble et toute modeste, cette maison qui vit naître un des plus grands chirurgiens ; elle est derrière l'église, au fond d'un étroit passage, aujourd'hui tout flambant de verdure et d'oriflammes ; le passage est étroit, la maison est petite, mais la gloire fut immense qui, de là, se répandit sur l'univers.

Avant de procéder à la pose de la plaque, M. Duclaux-Monteil prononce quelques paroles éloquentes, par lesquelles il célèbre l'attachement d'Ollier à la Société de secours mutuels et à sa ville natale ; puis M. Durand, avec une dextérité remarquable, scelle au-dessus de la porte la plaque de marbre rouge où sont inscrites en lettres d'or ces lignes glorificatrices :

« *Le professeur Léopold Ollier est né dans cette maison le 2 décembre 1830.*

La réception des invités a lieu à une heure trente, à la Mairie, d'où le cortège se rend, musique en tête, au monument Ollier.

Sur l'estrade prennent place : MM. Aynard, président du Comité de souscription, Duclaux-Monteil, de Gaillard-Bancel, députés ; les membres de la famille Ollier ; les docteurs Bondet, Vincent, Mondan ; MM. de Lafarge, Daron, de Framond, marquis de la Tourrette, conseillers généraux ; Boissin, conseiller d'Arrondissement ; Henri Duclaux-Monteil, Fabre, adjoint au maire des Vans ;

Perrussel, Germain de Montauzan, Blouzon, Froment, Couderc, Lafont, Pascal, Viollet, Portal, Pratlong, Baillard, Bonnand, Nadal, Cantanet, conseillers municipaux ; le bureau et le comité de la Société de secours mutuels ; une quarantaine de maires environ, dont ceux de Privas, de Bessèges, etc.

M. le préfet, retenu à Vals, était représenté par un conseiller de préfecture.

Sur la place, une multitude qu'on peut évaluer à dix mille personnes se masse.

Lentement s'écarte le voile sous lequel s'abritait la statue. Etincelante aux rayons du soleil qui la frappe obliquement, l'effigie en bronze apparait peu à peu aux regards des Vanséens qui la saluent d'une triple salve d'applaudissements, tandis que la musique joue un magnifique morceau de circonstance.

Comme à Lyon, Ollier est drapé dans sa robe professorale et s'érige sur un socle élevé. Toute la différence des deux monuments réside dans le piédestal qui est ici en pierre de Beaulieu et plus simple d'aspect, quoique parfaitement proportionné à la statue qui le surmonte.

Quand s'éteignent les dernières notes musicales et les dernières acclamations, M. Aynard donne la parole à M. Bondet, professeur à la faculté de médecine de Lyon, qui doit parler au nom du comité de Lyon et de l'Université.

(La Dépêche de Lyon)

DISCOURS DE M. LE Professeur BONDET

Monsieur le Maire,
Messieurs les Conseillers,
Messieurs les Membres de la Société de Secours
Mutuels des Vans.
Mesdames et Messieurs,

Au nom du Comité d'initiative de Lyon pour l'érection d'une statue à votre illustre compatriote, je vous apporte avec le salut cordial et fraternel des membres de ce comité tous nos remerciements pour la façon dont vous avez su conduire à bien cette œuvre locale commencée ensemble avec nos communes ressources et si grandiosement terminée aujourd'hui, grâce aux libéralités de vos concitoyens, aux efforts persévérants de votre municipalité et à l'opiniâtre volonté de son chef éminent, votre distingué et si dévoué député, M. Duclaux-Monteil.

Grâce à tous ces efforts, nous sommes arrivés à perpétuer dans son pays natal le souvenir de l'un des plus illustres représentants de la chirurgie contemporaine.

Le monument que nous inaugurons aujourd'hui et que nous confions à la vigilance et à la garde de la population des Vans, est notre œuvre commune, il rappellera à votre pays et portera aux générations futures, le souvenir impérissable de celui qui fut tout à la fois, un grand savant, un grand caractère, un noble cœur et surtout et par dessus tout un grand patriote.

En groupant autour du piédestal de ce monument un certain nombre de témoins les plus autorisés de la vie scientifique d'Ollier, en même temps que quelques-uns de ses collaborateurs et de ses amis les plus intimes, il semble, Messieurs les organisateurs de cette imposante cérémonie, que vous ayez voulu légitimer aux yeux des laborieuses et si vaillantes populations de l'Ardèche, l'hommage que nous rendons tous aujourd'hui au savant illustre, votre compatriote, au citoyen dévoué que nous avons presque tous connu, et que presque tous de son vivant, nous avons admiré et aimé.

Vous y avez réussi.

Une parole plus autorisée que la mienne, un des élèves préférés du grand chirurgien, M. le Docteur Vincent, vous redira dans quelques instants l'œuvre chirurgicale d'Ollier.

Seul ici en parlant au nom de l'Académie de Lyon, sans risquer d'être incomplet, il peut avec compétence et autorité en tenter l'analyse.

Ce que je tiens surtout à rappeler et à faire revivre quelques instants, devant vous, en prenant la parole, sur cette place des Vans, en face de cette ancienne demeure qui fut le berceau du grand chirurgien, et sur laquelle ce matin même vous avez scellé sur le marbre, la date qui doit rappeler sa naissance, c'est la haute personnalité morale de votre compatriote.

Cette personnalité qui sera toujours entre les Vans et Lyon un trait d'union d'indissoluble amitié nous est presque commune et nous appartient à tous deux, à vous sa patrie d'origine, à nous sa patrie d'adoption, tous deux nous pouvons la revendiquer avec un même sentiment d'orgueil et de légitime fierté.

Si la grande cité lyonnaise a largement fourni à Ollier ses principaux éléments de travail, préparé ses premiers succès, si elle lui a conféré ses premiers honneurs, accumulés depuis lors sur sa personne, sous toutes les formes, venant, on peut le dire, de tous les points du globe, n'est-ce pas sur votre sol, au sein d'une des familles les plus estimées et les plus considérées de votre pays qu'elle a pris naissance.

N'est-ce pas là qu'elle a puisé les premiers exemples qui ont fait plus tard, avec cette trempe spéciale aux enfants de vos montagnes, le noble caractère et les hautes vertus de celui que nous honorons tous aujourd'hui !

N'est-ce pas cette première éducation, en partie votre œuvre, qui a préparé ses succès, sa gloire et en définitive ce dernier et suprême hommage rendu à sa mémoire, il y a quelque temps à Lyon, sa patrie d'adoption, chez vous aujourd'hui, sa patrie d'origine.

A cette double patrie Ollier est toujours resté profondément attaché et fidèle ; s'il n'a pas été oublié dans cette première patrie, lui non plus, je puis vous l'affirmer, car il m'en parlait souvent, ne l'a pas oubliée.

Jusqu'à la fin de sa vie, Lyon et les Vans, se sont partagés avec sa grande patrie, la France, ce culte des grandes âmes, des nobles cœurs pour leur pays, le patriotisme.

Ne l'avons-nous pas vu aux sombres jours de l'année terrible, alors que rien ne l'y obligeait, abandonner les siens, courir à la frontière, exposer volontairement sa vie sur les champs de bataille pour disputer aux infirmités et à la mort les héroïques blessés, enfants de la patrie.

Ne l'avons-nous pas retrouvé quelques années plus tard, alors que la plupart des chirurgiens avaient refusé de s'y rendre, à ce Congrès de Berlin, où il s'agissait de discuter et de défendre la supériorité des méthodes chirurgicales de la France.

C'est qu'Ollier, non seulement était un grand savant, par dessus tout et avant tout il était un grand patriote ! honneur au pays qui l'a vu naitre ! honneur à vous, Messieurs, qui avez su l'honorer. !

DISCOURS DE M. LE Dr Eugène VINCENT

*Président de l'Académie des Sciences, Belles-Lettres
et Arts de Lyon.*

MESSIEURS,

L'Académie des Sciences, Arts et Belles-Lettres de Lyon dont le professeur Léopold Ollier fut le président à l'époque du deuxième centenaire de cette compagnie, m'a chargé d'apporter son tribut d'hommage à l'illustre chirurgien que sa ville natale glorifie aujourd'hui. Pareille mission me fut confiée en 1904, à pareille cérémonie, dans notre cité de Lyon qui a été le théâtre des travaux d'Ollier et qui portera son nom gravé sur les tables d'airain de ses grands hommes aussi profondément qu'il peut l'être sur les roches cévenoles. Lyon et Ollier ne font qu'un ; Ollier et la chirurgie lyonnaise sont synonymes dans le monde savant. C'est pourquoi Lyon ne pouvait garder le silence en ce jour mémorable de l'inauguration du monument que vous élevez à la mémoire du professeur Ollier. Notre absence de cette fête populaire et familiale eût été comme une désertion du drapeau. Elève et ami de ce maître excellent, nous ne pouvions nous dérober au mandat qui nous a été donné de représenter aux Vans l'Académie de Lyon et ses autres Sociétés savantes qui sont fières de l'avoir possédé comme membre fondateur et comme président. En remplissant ce devoir, à défaut d'un plus digne, nous obéissons, du reste, à cet entraînement du cœur, qui a besoin de louer sans cesse ce qu'il ne se lasse pas d'aimer. Nous avons écrit la vie d'Ollier, nous avons exposé en de nombreuses pages ses immenses travaux ; nous avons montré la beauté de son caractère, l'ampleur de son esprit, la bonté de son cœur ; nous avons raconté les étapes glorieuses de sa belle carrière médicale, son majorat hors de pair, son professorat de clinicien consommé, d'opérateur prudent et consciencieux, de praticien bienveillant et dévoué plus que de rhéteur éblouissant et stérile ; nous avons dit qu'il sut manier la plume aussi dextrement que le scalpel, et que son talent d'écrivain ne le cédait en rien à son habileté de chirurgien complet. Nous avons parlé en termes émus et comme témoin, de son infatigable dévouement envers ses malades, de sa discrète et inépuisable charité envers les pauvres, charité dont les nobles exemples sont un legs bien gardé dans sa famille. Nous avons rapporté les résections qu'il fit, pendant la terrible guerre de 1870-71, dans les ambulances de nos armées des Vosges et de la Loire. Nous avons rappelé les luttes qu'il soutint pour faire triompher ses idées et les honneurs mérités qui couronnèrent en France et dans tous les pays civilisés son labeur gigantesque. Elève d'Amédé Bonnet, il eut comme ce maître illustre un très haut sentiment de la dignité professionnelle, des devoirs et des vertus qu'elle impose. Continuateur d'Amédée Bonnet, il a porté la chirurgie lyonnaise à son apogée.

Nous ne voulons pas revenir aujourd'hui sur tous les aspects si divers et également admirables de la grande figure d'Ollier. Mais il nous semble utile d'expliquer, en termes intelligibles pour tous, sur quelles bases scientifiques repose la gloire de Léopold Ollier, pourquoi on lui érige des statues, pourquoi on lui décerne de tels honneurs.

Reportons-nous à l'époque où votre grand compatriote débuta dans la vie médicale : au milieu du siècle dernier, la chirurgie était radicale et meurtrière, ou impuissante et inactive. La chirurgie expéditive coupait les membres qu'elle ne savait pas guérir. Les résections n'existaient que de nom. En fait, lorsqu'on avait une tumeur blanche, ce qu'on appelait encore une carie autrefois et ce qu'on appelle une tuberculose aujourd'hui, dans les os du genou, on vous amputait la cuisse ; pour une tumeur blanche du pied, on vous coupait la jambe ; pour une tumeur blanche du coude, on coupait le bras ; pour une tumeur blanche du poignet, on coupait l'avant-bras ; quant à la tumeur blanche de la hanche, à la coxalgie, on l'abandonnait à la suppuration consomptive.

Aussi le nombre des mutilés, manchots ou boiteux était-il si considérable qu'on ne voyait, dans les chemins, que jambes de bois ou manches de vestes repliées sur l'épaule, que l'on était assailli partout par des estropiés, des infirmes implorant la charité des passants. Les hôtels des invalides, les hospices et asiles ne suffisaient pas à les recueillir. Emu d'un spectacle aussi lamentable, qui était la honte de la chirurgie, Ollier chercha le moyen d'éviter de telles hécatombes de chair humaine, de conserver les membres en retranchant, en guérissant leurs parties malades et de les rendre ainsi utiles pour les sujets d'abord et pour la société ensuite. Il y parvint. Ce fut l'œuvre et la gloire de toute sa laborieuse existence, et voilà ce que ces statues rappelleront au peuple en l'invitant à saluer, par reconnaissance, l'image du promoteur de la chirurgie conservatrice et l'un des plus grands bienfaiteurs de l'humanité.

L'idée des résections, toutefois, ne lui fut pas absolument personnelle. « Il n'est pas de découverte qui n'ait ses racines dans le passé », il l'a dit lui-même ; à son exemple il faut rendre justice à ses prédécesseurs pour avoir davantage le droit de rehausser et d'exalter ses mérites.

Dans le dernier tiers du xviii° siècle on avait commencé à faire des résections, c'est-à-dire à « aller chercher au milieu des chairs des portions d'os ou des extrémités articulaires malades ou fracturées, mais vivantes et ayant encore conservé, au moins en partie, leurs rapports avec les tissus de la région. » (Ollier).

Les anciens pratiquaient bien la perforation, la ruginération, la trépanation et la cautérisation des os, mais ils ne les extirpaient pas, ayant oublié les préceptes hardis d'Antyllus et de Paul d'Egine, qui paraissent avoir conseillé l'extraction des différents os et même des extrémités articulaires. Il faut arriver à Park de Liverpool et à Moreau de Bar-le-Duc (1744-1816), pour avoir une conception précise des résections articulaires, « comme méthode générale, applicable aux diverses articulations dans le but d'éviter l'amputation des membres ».

Bent et Ored, Coutavoz et Vigarous avaient fait des tentatives isolées, mais ils n'eurent pas, comme Moreau, le mérite d'envisager la question dans son ensemble très nettement et avec une conviction si persuasive que Sabatier, Percy et Larrey se décidèrent à transporter la méthode conservatrice dans la chirurgie de l'armée.

Néanmoins, la pratique des résections demeura une exception et comme une curiosité, même dans les grands hôpitaux. Fergusson essaya bien, en Angleterre, de faire revivre les résections par la remise en honneur des procédés de Moreau (1848), mais, dit Ollier, il n'avait pas de visées plus hautes que celles de Moreau pour le perfectionnement du résultat orthopédique et fonctionnel et pas la moindre idée de faire régénérer les parties osseuses enlevées. « On était heureux de sauver la vie à son malade et on se contentait des néarthroses imparfaites et souvent rudimentaires qu'on obtenait ».

Il est de toute justice de proclamer que, sans les travaux d'Ollier, les résections auraient été délaissées, parce qu'elles manquaient d'un élément de perfectibilité scientifique, élément que le maître lyonnais était destiné à lui fournir. Le désarroi était complet.

Sous l'influence de Bichat, on dépouillait complètement le périoste des propriétés que lui avaient attribuées Duhamel et l'on ne croyait pas à la régénération des os.

Du reste, Duhamel n'avait pas eu « l'idée d'enlever un os, en laissant le périoste dans la plaie pour voir si cet os se reformerait dans le périoste conservé ». Personne à cette époque ne pensait aux résections.

Les expériences de Bernard Heine, de Vurtzbourg, en 1832, pour déterminer les origines de la régénération des os, les expériences de Flourens, en France, vers la même époque, eurent un grand retentissement, mais elles ne purent cependant déterminer les chirurgiens à essayer de tirer parti des propriétés ostéogéniques de l'enveloppe des os.

Ils s'en moquaient même. Par ailleurs, existait moins de scepticisme. Le chirurgien italien Larghi (de Verceil) partant de la doctrine de Duhamel, avait dès 1844, appliqué méthodiquement la conservation du périoste à la chirurgie humaine. Il eut même l'idée de conserver les capsules articulaires dans les résections ; mais il se borna à des expériences cadavériques et il n'imagina que des procédés opératoires inacceptables en pratique. Il voulait enlever les jointures sans les ouvrir autrement que par des incisions périostiques faites au-dessus et au-dessous de la capsule articulaire. On ne pouvait adopter une technique aussi mal conçue.

L'hésitation des chirurgiens à prendre la peine de décoller le périoste s'expliquait d'ailleurs par cette proposition malencontreuse de Flourens : « Le périoste détruit se reproduit donc, et une fois reproduit il reproduira l'os. » N'était-il pas, dès lors, inutile de s'escrimer à décoller une membrane si mince, si difficile à détacher dans son intégrité et pour laquelle on n'était pas outillé ? La rugine, détache-tendons d'Ollier, n'existait pas encore. Pour vaincre l'indifférence ou l'opposition des chirurgiens, il fallait de nouveaux arguments. Il fallait démontrer que « le périoste est actif par lui-même et que rien ne peut le remplacer dans le processus de la régénération des os. Il fallait, en outre, démontrer expérimentalement comment les articulations peuvent se reconstituer et déterminer ensuite les conditions anatomiques et physiologiques de cette reconstitution. Il fallait enfin trouver, pour la pratique des résections, un ensemble de règles, conciliant le principe physiologique de la conservation intégrale du périoste et des capsules articulaires avec les exigences chirurgicales des lésions pathologiques qui peuvent nécessiter la résection ».

Ollier a rempli de point en point ce vaste programme par de longues et opiniâtres recherches cliniques et expérimentales qui l'ont conduit à créer la nouvelle méthode de résections, dite sous-périostée, substituée à la méthode ancienne.

On a le droit et le devoir d'affirmer que, sans les travaux d'Ollier, les résections seraient tombées tout à fait dans l'oubli et que la chirurgie attendrait encore le progrès considérable qu'elle a accompli sous sa lumineuse, énergique et persévérante impulsion. La base de l'édifice chirurgical nouveau, auquel se rattache le nom d'Ollier, est constituée par la démonstration faite par lui dans une série d'expériences géniales, à savoir : « que le périoste seul peut donner des masses osseuses suffisantes pour les besoins chirurgicaux et que la conservation de la gaine périostéo-capsulaire est le moyen indispensable pour obtenir des néarthroses du même type que les articulations enlevées. »

Cette série d'expériences servant de base à la méthode des résections sous-périostées a été commencée ou continuée, ici-même, dans cette petite ville des Vans, près du toit paternel, qui était, depuis plusieurs générations, un foyer médical. Elles ont consisté à prouver que l'enveloppe, que l'écorce de l'os, le périoste, décollé de l'os, s'il est transplanté, par exemple, du tibia d'un lapin sous la peau de son crâne, ou du tibia d'un coq dans sa crête, forme de l'os plus ou moins, selon la longueur du lambeau détaché. Voilà qui est péremptoire ; LE PÉRIOSTE TRANSPLANTÉ A DISTANCE FAIT DE L'OS.

Si donc on le conserve, si on conserve sa couche molle, dénommée ostéogène par Ollier, parce qu'elle est l'élément essentiel de l'ossification, on verra les os enlevés, les articulations enlevées, c'est-à-dire réséquées, se régénérer ; on obtiendra la guérison avec des os remis à neuf, avec des articulations saines et fonctionnant suivant leur type normal. Est-ce que cela n'est pas mieux que l'amputation ? Alors même que, pour obtenir le retour du jeu normal des jointures reproduites, il faille des soins prolongés, un traitement post-opératoire délicat et persévérant, dont le maître lyonnais a tracé les règles et dont il a donné l'exemple avec un dévouement incomparable.

Quel est le chirurgien qui a suivi, pendant dix ans, vingt ans, trente ans, ses opérés, pour se rendre compte du résultat de ses interventions, en assurer le succès par sa direction scientifique, par ses soins éclairés et charitables ?

Elle pensait comme nous cette ancienne réséquée, cette ouvrière qui, le jour de l'inauguration du monument Ollier à Lyon vint déposer spontanément au pied de la statue de celui qui lui avait conservé le bras et par conséquent le moyen de gagner sa vie, un modeste bouquet où elle avait mis tout son cœur, qu'elle mouilla de ses larmes pendant qu'elle écoutait les discours où l'on glorifiait son sauveur en termes certainement moins éloquents que ses pleurs. Qu'elle est touchante cette gratitude des humbles ! Elle apporte, à notre point de vue, à la question en litige l'argument le plus irrésistible en faveur des résections, celui des malades qui sont bien les premiers intéressés et les meilleurs juges. La question est donc jugée par leur reconnaissance (1).

Lorsqu'en 1894, Ollier présenta aux membres du Congrès des chirurgiens français réunis à Lyon un régiment d'anciens réséqués en bonne santé et jouissant de leurs membres reconquis sur la maladie, grâce à la méthode des résections sous-périostées, notre Maître obtint la plus grande des récompenses de ses efforts opiniâtres, celle qu'il désirait le plus après la satisfaction du service rendu aux malades, celle d'avoir achevé, par la preuve irréfragable de faits anciens et définitivement acquis, son œuvre, c'est-à-dire la démonstration de la supériorité de la méthode des résections sous-périostées sur les méthodes anciennes, qui ne tenaient pas compte du périoste, qui avaient une technique et une instrumentation défectueuses et aboutissaient à des résultats fonctionnels déplorables.

Quant aux amputations, il n'en pouvait plus être question autrement que comme d'une étape barbare de la chirurgie.

---

(1) Un fait bien touchant aussi s'est passé aux Vans. Nous avons appris, en effet, qu'un des anciens réséqués d'Ollier était venu de Besançon par reconnaissance, se mêler à l'auditoire d'environ dix mille personnes assemblées sur la place Léopold Ollier aux Vans, entre la statue et l'estrade officielle. Après la cérémonie d'inauguration, il offrit à la foule avec enthousiasme des cartes postales du monument et du portrait de son bienfaiteur qui lui avait rendu son bras.

Le nombre des grandes résections faites par Ollier dépasse de beaucoup celui que les chirurgiens les plus actifs, réunis, ont pu atteindre à notre époque ; car il a pratiqué, à lui seul, 827 résections des grandes articulations. On ne saurait compter ses autres opérations sous-périostées de moindre importance et qui suffiraient à rendre célèbre un autre chirurgien.

Notre discours vous retiendrait bien longtemps si nous voulions simplement énoncer encore les découvertes qu'il a faites dans les autres branches de la chirurgie ; car il a abordé tous les problèmes de notre art, en répondant comme un bon chef de service qu'il fut, aux exigences si multiples de sa grande clinique du Grand Hôtel-Dieu de Lyon. Partout où il a projeté les lumières de son génie pénétrant, partout il a provoqué un progrès considérable.

Les innombrables communications, articles, mémoires, émanés de la plume d'Ollier, sur le système osseux, ont été condensés et colligés par lui de 1867 à 1891, en cinq gros volumes. Les deux premiers ont pour titre : *Traité expérimental et clinique de la régénération des os*, 1867. Les trois derniers : *Traité des résections et des opérations conservatrices qu'on peut pratiquer sur le système osseux*, 1885-1891.

On s'accorde à les considérer comme des modèles, des chefs-d'œuvres, qui jalonnent l'histoire de la science en marquant ses grands pas à la façon des monuments les plus impérissables de la vie des peuples. Indépendamment des deux grands ouvrages précités, le professeur Ollier laisse une collection incomparable, unique au monde, de pièces anatomiques expérimentales et de pièces pathologiques ayant une très grande valeur démonstrative. Les notes, explications, dessins, photographies, radiographies relatives à chaque pièce, forment 2,000 dossiers environ. Les dossiers et les pièces anatomiques, classés et bien étiquetés, formeront le plus précieux des musées, le musée Ollier. Le musée Ollier enrichira la Faculté de médecine d'un trésor sans prix. L'ancien chef de laboratoire travaille à son organisation avec un dévouement et une compétence qui récompenseront la famille des sacrifices intelligents et pieux qu'elle fait pour conserver tous les fleurons de la couronne scientifique de son illustre chef. La science et l'école lyonnaise, en particulier, lui en garderont une profonde gratitude.

Il faut terminer ce discours où nous avons à peine esquissé l'ébauche de ce que fut l'œuvre immense d'Ollier.

Pour nous résumer, nous dirons que la découverte des propriétés ostéogéniques du périoste transplanté, et la poursuite, durant toute sa vie, des déductions théoriques et pratiques de ce fait fondamental, au point de vue de la chirurgie conservatrice, forment la caractéristique de l'œuvre d'Ollier.

C'est aux Vans, avons-nous dit, qu'il fit ou répéta ses premières mémorables expériences. Il était juste, en conséquence, qu'après avoir irradié sur le monde, la gloire, qui en découle, revînt à son point de départ. Elle auréole aujourd'hui une famille médicale dont il a synthétisé en un magnifique épanouissement, les efforts constants pour s'enraciner toujours plus profondément dans l'honneur et s'élever plus haut encore par le travail et la bienfaisance. Sa gloire est aujourd'hui, pour une bonne part, l'héritage de ses compatriotes et le plus éloquent encouragement au travail et à la vertu.

Si cette gloire nationale est plus spécialement la vôtre, si cet héritage vous est précieux, comme en témoigne cette fête magnifique, vous comprendrez que ma pensée remonte avec la vôtre, de cette statue, vers les aïeux, vers les parents du grand homme qu'elle représente, vers sa mère, surtout, puisqu'il est prouvé que, dans l'ordre moral, ce qu'il y a de mieux en nous, vient de nos mères.

L'hérédité est un mystère d'amour et d'intelligence que nous soupçonnons plus que nous ne le comprenons. Nous avons aussi l'intuition de l'influence que peut exercer un pays comme celui-ci où nous voyons des bois de pierres (Paiolives) se marier avec des forêts de chênes, sous un soleil radieux. Une telle ambiance doit donner à l'esprit le goût de la lumière et au caractère une solidité et une fermeté indomptables. La physionomie d'Ollier ne s'expliquerait-elle pas en partie par son cadre natal ? Je m'arrête dans ces considérations sur la genèse atavique et sur l'influence du terroir dans la formation des grands hommes. L'heure presse, il faut terminer. Toutefois, nous ne saurions omettre de rappeler, en finissant, le concours précieux que lui prêtèrent le grand physiologiste Chauveau et l'excellent docteur Viennois, Verneuil, Gayet, Léon Trépier et autres, sous des formes diverses.

C'est rendre hommage à la fois au dévouement et à l'amitié, dont Ollier connut les douceurs et les obligations. Sous des dehors empreints d'une dignité qui ne désarmait jamais, il cachait un grand cœur ; jamais ses nombreuses et brillantes relations, ni les honneurs qui lui parvenaient des Sociétés savantes de son pays ou des Académies étrangères, ni sa clientèle innombrable, ne lui ont fait oublier ses amis ou ses élèves.

Je l'atteste et ses amis de la première heure, Chauveau, Bondet, Lortet, Aynard lui rendent le même témoignage.

Son cœur fut fidèle, sa bienveillance inébranlable ; son esprit haut placé fut inaccessible à l'orgueil. Il ne tira même pas vanité du triomphe dont il reçut les honneurs à Berlin. Appelé pour y représenter la chirurgie française, il y entra en vainqueur de la science. Son portrait demeure à l'Académie de chirurgie de l'empire allemand parmi ceux des plus grands chirurgiens du xix⁰ siècle.

Au nom de l'Académie de Lyon, au nom des chirurgiens et des médecins de Lyon, je félicite sa ville natale des Vans de s'être associée à sa ville d'adoption pour ériger une statue commémorative au créateur de la chirurgie conservatrice, au plus illustre de ses enfants. Les Vans et Lyon seront inséparables dans l'histoire de ce grand homme. Ici fut le berceau d'Ollier des Vans, et là-bas est la tombe d'Ollier de Lyon.

On y verra sur le bronze des deux statues jumelles le témoignage perpétuel des mêmes regrets et de la même admiration.

La cité de naissance et la cité d'évolution de notre grand chirurgien, également fières de la vie de travail et de noble philanthropie de celui qui les illustre toutes deux, ont à jamais uni leurs mains pour placer et soutenir sur la tête du génie bienfaisant que fut Ollier la couronne du laurier immortel, que l'humanité reconnaissante et le monde savant lui ont décernée dans une acclamation unanime.

DISCOURS DE M. AYNARD

Messieurs,

Je ne me découvre d'autre titre au trop grand honneur qu'on m'a fait en m'appelant à présider cette cérémonie, que d'avoir été l'un des plus anciens amis d'Ollier, d'être de ceux qui longtemps l'ont connu et toujours aimé.

En m'invitant à prendre cette place, la municipalité des Vans n'a sans doute voulu que marquer le caractère particulier et comme familial de cette belle fête du souvenir. Le souvenir prolongé des hommes qui ont illustré la patrie, c'est une part de la force nationale, c'est ce qui résiste à l'épreuve de tous les temps. C'est pour nous l'histoire même de la France.

Il est nécessaire que la mémoire de ces hommes soit perpétuée par le moyen visible et sensible de la statue et du monument ; tous ne peuvent apprécier ou connaitre les actes des héros, les découvertes des savants, les pensées des philosophes et les vers sublimes d'un poète. L'artiste vient les leur raconter dans son langage et les leur rappeler par l'image mise sous tous les yeux. Pour quelques-uns de ces hommes, un seul hommage de cette nature ne suffit pas à traduire l'expression de la reconnaissance publique.

Il y a bientôt un an, Lyon, où la vie d'Ollier s'était écoulée et d'où sa science et son art avaient partout rayonné, élevait sa statue sur l'une des places publiques, tout près de l'Université dont il avait été la gloire. C'était vraiment à Lyon que la renommée universelle d'Ollier devait être tout d'abord et ainsi consacrée. Le jour de l'inauguration, sa statue était saluée des discours de M. le Ministre de l'instrution publique, des représentants des Universités étrangères, de l'Institut de France et des autorités lyonnaises.

Aujourd'hui, c'est dans son pays natal que nous inaugurons le nouveau monument à la mémoire du grand chirurgien. Rien n'a semblé plus naturel et plus juste au comité de Lyon, qui a réuni les souscriptions, que d'en réserver une part pour l'érection du monument aux Vans. Le pays d'adoption d'Ollier ne pouvait oublier son pays natal, et l'inlassable persévérance de votre député et de votre maire, mon ami M. Duclaux-Monteil, le dévouement tenace qu'il montrait à mener à bien l'œuvre que nous admirons aujourd'hui, nous encourageaient encore davantage à l'y aider.

Ce monument est donc le résultat d'une entente amicale et pieuse entre ceux à qui revenaient l'honneur et le devoir de glorifier Ollier. C'est pourquoi ce sont des maitres de notre Université lyonnaise qui seuls viennent ici vous redire la grandeur scientifique du professeur Ollier, et c'est la raison pour laquelle vous avez voulu que je vienne y ajouter la parole simple d'un Lyonnais, qui se rattache à l'Ardèche par de nombreux liens de famille.

Aussi bien, Messieurs, c'eût été faire preuve à la fois d'égoïsme et de méconnaissance profonde de la nature et des sentiments de votre grand compatriote que de le garder tout entier pour Lyon. Vous avez eu son berceau et il vous avait jusqu'à la fin conservé son cœur. Il n'était pas de ceux qui, dans l'éclat et dans la lumière des grandes cités, oublient leurs frères et les lieux plus modestes d'où ils sont sortis. Ollier était un provincial de race, l'un des rares hommes qui aient su attendre à leur foyer la renommé justifiée par leur mérite, et ne pas aller l'acquérir à Paris. Il aimait même à se dire de deux provinces, de la grande province lyonnaise et de celle du Vivarais, de l'Ardèche. Vous le revoyiez parmi vous, y retrouvant des parents très aimés et d'anciens amis.

Il parlait sans cesse et avec amour de l'aimable cité des Vans, de ces châtaigniers qui l'entourent et que votre soleil revêt en cette saison de pourpre et d'or. Ses compatriotes étaient toujours reconnus et recherchés par lui; il cachait mal ses préférences pour eux. C'est ainsi qu'à l'Hôtel-Dieu de Lyon, on remarquait ce singulier et persistant phénomène que les convalescences des malades de l'Ardèche, opérés par Ollier, duraient toujours un peu plus que celles des autres. On ne pouvait à Lyon confondre la nature morale et physique d'Ollier avec celle qui y prédomine.

Je le revois dans sa taille élevée et bien prise, sa belle tête couronnée de cheveux bouclés, ordinairement rejetée en arrière par un mouvement assez fier du buste, que l'éminent sculpteur Boucher a bien saisi, lui donnant une tournure aimablement cavalière, qui témoignait de ses origines d'ancienne famille, dont il lui restait le tact et une bonne grâce imposante.

Il avait conservé même l'accent qu'on appelle du terroir. Cette parole un peu chantante lui venait de votre pays de lumière; ses manières ouvertes tout en restant graves, sa parole abondante et souvent joyeuse contrastaient parfois avec la réserve et la mélancolie méditative qui forment l'un des traits du caractère lyonnais. Enfin, l'on a dit du lyonnais qu'il était un inachevé qui voit et vise parfois très haut, puis s'arrête court. Toute la vie d'Ollier a été, au contraire, un exemple de l'indomptable persévérance du cévenol. Mais la noble cité, vieille de vingt siècles, qu'un de vos grands poètes félibres, Roumanille, d'Avignon, a bien voulu appeler, un jour, la Porte d'or et de soie du Midi, se trouvait cependant en harmonie d'esprit avec votre grand compatriote. Elle constituait pour lui le terrain de développement scientifique et moral qui lui convenait. En arrivant à Lyon, Ollier recueillait les leçons d'une génération médicale qui alliait la science à la conscience, éprise à la fois d'idéal et de vérité, ennemie de tout charlatanisme, qui ne pouvait séparer de la moralité l'exercice de son art. Il y trouvait comme champ d'observation et d'expérience ces hospices célèbres, à l'aide desquels Lyon exerce comme une royauté charitable sur la région qui l'entoure. Il y rencontrait des chirurgiens illustres qui réalisaient l'égalité, au moins dans le soulagement de la souffrance, en prodiguant gratuitement aux pauvres de leurs salles d'hôpital les mêmes soins qu'aux riches de la ville ; des hommes comme le grand chirurgien Bonnet, le prédécesseur d'Ollier, qui associait les hautes spéculations et les croyances d'un esprit spiritualiste au plus ardent esprit de recherche scientifique. Il était enfin, dans la ville d'Ampère, ce grand génie au cœur d'enfant ; de Jacquard, qui n'a été conduit à son admirable invention que par le désir de soulager les souffrances du tisseur de soie.

L'homme qui, selon l'un de ses élèves les plus distingués, le docteur Martel, apprenait à respecter le malade, l'être souffrant qui vient s'échouer entre les mains des chirurgiens, l'âme bouleversée par les terreurs de l'opération, Ollier, qui a écrit dans l'un de ses livres, cette magnifique parole de compassion : « plus la chirurgie devient puissante, plus elle doit devenir morale », ne se trouvait-il pas à sa place et au premier rang dans la ville de la pitié, dans celle qui a toujours fait consister son principal honneur à soulager les misères humaines.

C'est donc à Lyon que, par une heureuse attraction et en vertu d'affinités certaines, Ollier a réalisé les découvertes qui l'ont mis au rang des chirurgiens de génie.

Il est interdit à mon ignorance d'apprécier l'œuvre d'Ollier, l'admiration des savants de tous les pays l'a célébrée et consacrée. Pour nous autres profanes, mais auxquels la parole ne saurait être refusée comme étant hautement intéressés dans la question, en notre qualité de patients, passés, présents ou futurs, nous retiendrons toujours quelque chose dans le fond de nos cœurs : c'est que le génie d'Ollier a pu fonder cette école de consolation qu'on appelle celle de la chirurgie conservatrice. D'autres suppriment nos membres et y mettent parfois quelque insouciance ; Ollier était de ceux qui épargnent autant que possible le pauvre corps qui leur est livré. Il le régénérait, au contraire, accomplissant cette merveille de retrouver en lui et de reformer de nouveaux éléments de croissance. Il a souvent vaincu la mort et refait de la vie. En lui-même il faisait passer l'incomparable opérateur après le savant qui réfléchissait, observait, découvrait, déployant la patience victorieuse dans l'art qui est long, en la vie qui est courte : *ars longa, vita brevis*.

Estimant que rien n'est fini ni prouvé après la plus brillante et la plus heureuse des opérations et, en raison de cette croyance, accompagnant son opéré de l'observation la plus étroite, parfois jusqu'à la fin de l'existence, tenant comme une comptabilité de tous ses actes de chirurgien, il attendait longuement ces résultats avant d'affirmer qu'il avait eu raison et qu'il avait réussi.

C'est par des savants tels qu'Ollier chez lesquels l'exercice professionnel est soumis à un examen de conscience perpétuel, et à la raison scientifique, que l'humanité souffrante est le mieux protégée. Un artiste d'un incomparable génie qui avait en même temps l'intuition de tout, Léonard de Vinci, inscrivait un jour dans ces curieux cahiers qu'il a laissés, semés et couverts au hasard de dessins, de plans de tous genres et de sentences, cette réflexion profonde : la science est le capitaine, et la pratique est le soldat ; et il ajoutait plus loin : « ceux qui deviennent amoureux de la pratique sans la science sont comme un matelot qui entre dans un navire sans gouvernail ni boussole et qui ne peut jamais savoir où il va. » Ollier était à la fois capitaine et soldat et il savait où il voulait aller.

Si l'on essayait de résumer en quelques mots sa belle vie, on pourrait dire qu'elle s'est écoulée dans une grande unité et en une parfaite harmonie. Le savant a été patient et génialement obstiné dans les mêmes recherches ; le praticien s'est maintenu incomparable, par un labeur qui n'a cessé qu'au jour même de la mort, qui ne trouvait ses limites d'action que dans le sentiment de sa responsabilité envers la créature humaine, que dans cette tendresse latente, cette bonté du cœur qui constituait sa personnalité morale ; c'était la source pure d'où sortait la direction de ses pensées. On se l'explique par la divination poétique de Musset, s'écriant : « Ah ! frappe-toi le cœur, c'est là qu'est le génie ».

Ollier était ouvert à toutes les idées, mais il restait attaché sans partage à celles auxquelles il avait voué sa vie. Modeste sans effort, parfois timide, il était toujours désarmé par sa bonté contre les plus dures et les plus injustes attaques. J'ai joui pendant plus de trente-cinq ans, de ces longues causeries en lesquelles il aimait à s'attarder. Je ne l'ai jamais entendu parler de lui et je ne l'ai jamais entendu parler mal des autres ; son indulgence était tranquille et détachée, empreinte de bonne grâce et de finesse méridionale.

Patriote ardent, l'ayant montré sur les champs de bataille de 1871, où il a prodigué son dévouement et arraché à la mutilation et à la mort tant de bons Français, il s'intéressait infiniment à la politique, mais ne s'en occupait pas, car elle n'embellit point la haute et sereine figure du savant.

J'espère ne pas trop lui nuire en disant qu'il était un libéral de l'espèce incorrigible ; aussi bien, Messieurs, la politique est aujourd'hui absente : l'admiration, le respect, l'affection et l'amitié forment seuls ici le cortège qu'Ollier eut souhaité autour de son monument.

Science et bonté : telle aurait pu être la devise d'Ollier. La science est la révolutionnaire utile et toujours en marche. On peut attendre d'elle, et non pas des systèmes et des lois, des progrès presque indéfinis dans l'ordre matériel ; mais elle ne peut réaliser aucun bonheur si elle prétend à la domination unique et si, à côté d'elle, ne s'épanouissent la beauté morale et la bonté. Science et bonté, n'était-ce pas tout l'homme que nous célébrons aujourd'hui ?

Ayons confiance en la puissance souveraine de la bonté. Génie, talent, beauté, richesse, puissance sont des dons à jamais refusés à la pauvre foule des hommes ; mais tout cela peut être sinon égalé, au moins compensé par cette noblesse morale qui s'offre à tous, qui rapproche les plus humbles des plus grands dans une sublime égalité. La bonté, c'est la grande magicienne. Celui qui a le courage d'être bon, de se sacrifier, de se subordonner à l'ensemble de la patrie ou de la famille, voit changer pour lui le spectacle du monde ; il se forge une vie enchantée ou bien adoucie dans les épreuves, et si cette bonté s'allie à quelque grâce, il n'existe rien de plus beau sur la terre.

Parler de grâce dans la bonté c'est encore rappeler, en un dernier mot, ce qu'a été votre illustre compatriote.

Vous êtes heureux, Messieurs, de conserver son image au milieu de vous ; elle sera pour vous une douce, salutaire et constante vision de la gloire bienfaisante.

DISCOURS DE M. DUCLAUX-MONTEIL

Mesdames, Messieurs,

Au nom de la commune des Vans, j'ai l'honneur de prendre possession du monument que les amis et les admirateurs du docteur Léopold Ollier ont tenu à lui élever, sur cette place qui, par une décision unanime des administrateurs de la cité, porte déjà son nom, et où, dans cette maison, tout proche de nous, il procéda à ses premières expériences qu'un si grand et si légitime succès devait couronner.

Il y a quelques mois, Lyon nous précédait dans la voie que nous venons de parcourir, et j'ai souvenance que M. le Maire de Lyon, en accomplissant le mandat qui est le nôtre en ce moment, célébrait l'attachement profond d'Ollier au pays natal dont, disait-il, sa parole avait conservé l'accent.

Cet attachement, j'ai à cœur de le proclamer à mon tour, car il a été un des motifs qui nous ont le plus puissamment porté à entreprendre l'œuvre qui s'achève aujourd'hui.

Nous avons, en effet, le sentiment, et le sentiment profond, qu'en faisant effort pour ériger à Léopold Ollier cette statue, sur cette terre qu'il appela lui-même sa véritable patrie, parce qu'elle avait été la première, nous remplissions la tâche qui nous était de faire vivre, par l'image, cet enfant des Vans au pied de cette montagne d'où émerge le toit que, déjà, son père — avant lui — avait entrevu comme la demeure où il devait venir prendre le repos et attendre l'heure du grand sommeil, et, en face de cette autre maison qui avait connu ses premiers sourires comme ses premières larmes, et sur laquelle, ce matin, nous avons scellé une plaque commémorative.

Nous l'avons dit au cimetière de Loyasse, et nous prenons soin de répéter que son amour, nous oserons dire sa passion pour l'Ardèche, pour les Vans, était telle que laisser, toutes les fois qu'il en avait l'occasion, le souvenir Cévenol pénétrer en ces entretiens, était pour lui comme une jouissance, lui faisant parfois oublier ses obligations professionnelles ; — qu'accueillir ses compatriotes comme des amis d'enfance, leur prodiguer ses soins les meilleurs et quelquefois, aussi — nous le savons — leur accorder son assistance pécuniaire la plus délicate lui était une satisfaction qu'il ne songeait d'ailleurs pas à dissimuler.

Mais nos compatriotes ne furent pas seuls à connaitre la bonté et la délicatesse exquises d'Ollier envers ses malades, et nous conservons bien vivant, le souvenir de cette femme de la Guillotière qui, à Lyon, au moment où allait tomber le voile qui couvrait la statue, sœur de celle-ci, s'avança et déposa, au pied du monument, une palme artificielle. Et, comme, après la cérémonie, nous demandions à cette femme de qu'elle cause découlait cette offrande, elle nous répondit : « Si vous saviez comme il était bon ! Epuisée par une longue série d'accidents, j'entrai dans son service à l'Hôtel-Dieu, n'osant plus espérer ; il m'a réconfortée, soignée, guérie, et encore, après ma sortie de l'hôpital, il est venu à mon aide jusqu'au jour où j'ai pu reprendre mon travail et subvenir à mes besoins »

Et cela disant, ses yeux, emplis de larmes se portaient sur l'image de son sauveur, lui exprimant son ardente reconnaissance.

Ah ! Messieurs, si nous n'avions su qu'Ollier était aussi grand par le cœur que par la science, cette femme nous l'eût appris.

Et quelles preuves de l'amour d'Ollier pour ses semblables ne trouvons-nous pas encore dans sa conduite en 1870 !

Nul n'a pu oublier, en effet, que dès les premières heures de la tourmente, n'écoutant que son patriotisme, négligeant tout pour ne songer qu'aux victimes de l'horrible guerre, il formait une ambulance de marche, et ce pendant que ses compatriotes — nous le rappelons avec une légitime fierté — forçaient dans les plaines de Normandie, l'estime et les louanges de leurs adversaires, lui, l'habile praticien méritait l'admiration et la reconnaissance des fils de France et d'Allemagne qui le virent, jusque sur les champs de bataille se dévouer à tous, sans connaître ni la fatigue ni la peur.

C'est, parce que parvenu au sommet de la gloire et des honneurs, il resta bon, compatissant, que nulle mémoire n'est plus digne des hommages reconnaissants, qu'à notre tour, après les maîtres les plus illustres du monde entier, nous lui apportons, au nom de nos concitoyens.

La population vansoise accepte la garde respectueuse de ce monument.

Elle saura l'entourer d'un culte pieux, lui donner des soins incessants.

Et, lorsque au soir des journées vécues au chef-lieu, les habitants des communes, regagnant leurs foyers, passeront devant cette statue, ils se souviendront que si celui dont elle reproduit si exactement les traits reçut les honneurs de la pierre et du bronze, c'est parce que, remarquable par la puissance de son génie créateur de toute une méthode nouvelle, il sut écouter la plainte humaine et consacrer sa vie à l'affaiblir.

Ils se souviendront que, servi par une intelligence incomparable, aidé par une mémoire prodigieuse, armé par le travail, Ollier sut diminuer le champ encore trop large de la souffrance, et, à la pensée que cet homme fut un bienfaiteur de l'humanité, ils s'inclineront avec émotion, mais aussi, avec un orgueil bien naturel, en songeant qu'il était de leur race.

Pour nous, Mesdames, Messieurs, de la tâche faite — tâche qui, nous l'avons remarqué, était un devoir — il nous reste et nous conservons la consolation infinie d'avoir vu s'élever, à la gloire du docteur Léopold Ollier, un monument tel que l'ambitionnait l'affection aussi vive que respectueuse que nous lui avions vouée, et dont notre cœur ne saurait cesser d'entourer sa mémoire.

TABLE DES MATIÈRES

	Pages
AVANT-PROPOS	1
FUNÉRAILLES DU PROFESSEUR OLLIER	5
Discours de M. Compayré	11
— M. Lortet	18
— M. Gayet	21
— M. Henri Beaune	25
— M. Horand	34
— M. Chambard-Hénon	37
— M. Fochier	39
— M. Bondet	41
— M. Nogier	44
— M. Duclaux-Monteil	47
— M. Gangolphe	49
INAUGURATION DU MONUMENT A LYON	52
Discours de M. Lortet	55
— M. Augagneur	58
— M. Chaumié	60
— M. Compayré	62
— M. Lassar	65
— M. Félix Guyon	66
— M. Chauveau	79
— M. Eugène Vincent	93
— M. Gangolphe	117
— M. Teissier	122
BANQUET DU COMITÉ D'INAUGURATION	125
Discours de M. Viennois	128
INAUGURATION DU MONUMENT AUX VANS	133
Discours de M. Bondet	136
— M. Eugène Vincent	139
— M. Aynard	151
— M. Duclaux-Monteil	158

IMPRIMERIE DE JULES CÉAS ET FILS, VALENCE

www.ingramcontent.com/pod-product-compliance
Lightning Source LLC
Chambersburg PA
CBHW060523090426
42735CB00011B/2343